Around the World in 101 Days:
A Child's Guide to the History of Art

Art is one of the most important and historic ways of expressing of human emotions. Art allows us to the happiness, sadness, pleasures, desires, hatreds, and fears of the artist and reflect back on our own lives. The Roman poet Horatius said, "Painting is poem without words." Art is feeling. And music is the expression of sound; it is both thinking and feeling.

This book introduces the history of music and painting. It is very fun and interesting exploration of art. With a focus on music, traditional dance, and painting, children will learn about the world's most famous art and culture throughout history.

 **In the Text**

- \<Venus of Milos\>

- Jean François Millet

- Michelangelo \<Genesis, the Creation of the worlds\>

- Vincent van Gogh \<Sunflower\>

- Auguste Rodin \<The Thinker\>

- \<Mona Lisa\>

- Sandro Botticelli \< The Birth of Venus\>

- Lee Jung Seop \<A Bull\>

- Ludwig van Beethoven

- Mozart <The Magic Flute>

- Difference Between Eastern and Western paintings

- Fernando Botero

- Netherlands Still Life

- Serenade of Italy

- Percussion Instruments of Africa

- Conducting the Western Orchestra

- Austria's Waltz

- Flamenco!

- Fado

- Tango!

- Samba!

- A capella

- Films of India

- Korean Paintings

- Dancheong, a Traditional Korean Pattern

- The Four Gracious Plants of Korea

- Arirang

지도 없이 떠나는 101일간의 예술의 세계사
Around the World in 101 Days : A Child's Guide to the History of Art

1판 1쇄 | 2012년 5월 30일
1판 5쇄 | 2018년 12월 14일

글 | 박영수
그림 | 박수영

펴낸이 | 박현진
펴낸곳 | (주)풀과바람
주소 | 경기도 파주시 회동길 329(서패동, 파주출판도시)
전화 | 031) 955-9655~6
팩스 | 031) 955-9657
출판등록 | 2000년 4월 24일 제20-328호
홈페이지 | www.grassandwind.com
이메일 | grassandwind@hanmail.net

편집 | 노정환
디자인 | 김성연
마케팅 | 이승민

ⓒ 글 박영수, 그림 박수영, 2012

이 책의 출판권은 (주)풀과바람에 있습니다.
저작권법에 의해 보호를 받는 저작물이므로 무단 전재와 복제를 금합니다.

값 12,000원
ISBN 978-89-8389-495-3 73600

※잘못 만들어진 책은 바꾸어 드립니다.

제품명 지도 없이 떠나는 101일간의 예술의 세계사	**제조자명** (주)풀과바람	**제조국명** 대한민국	⚠ **주의**
전화번호 031)955-9655~6	**주소** 경기도 파주시 회동길 329		어린이가 책 모서리에
제조년월 2018년 12월 14일	**사용 연령** 8세 이상		다치지 않게 주의하세요.
KC마크는 이 제품이 공통안전기준에 적합하였음을 의미합니다.			

글·박영수 | 그림·박수영

풀과바람

머리말

'예술'이란 무엇일까요?

예술이라고 하면 어렵게 생각하는 사람이 있습니다. 아주 고상한 사람들이나 즐기는 특별한 취미로 여기는 사람도 있습니다. 정말 그럴까요? 예술(藝術)의 의미를 국어사전에서 찾아보면 '기교를 부려 아름다움을 창조·표현하려는 인간 활동 및 그 작품'이라고 설명되어 있습니다. 쉽게 말해 손을 휘저어 멋진 동작을 만드는 것도, 애달픈 노래로 사람 마음을 울리는 것도, 아름다운 풍경을 그림으로 그리는 것도 모두 예술입니다.

예술은 일부 사람만의 전유물이 아닙니다. 예술을 만드는 사람도, 예술을 감상하는 사람도 모두 있어야만 예술이 존재하니까요. 바꿔 말하자면, 예술을 창조하는 재능이 없을지라도 예술을 감상할 수 있는 마음의 여유가 있다면 그 사람 역시 예술인인 것입니다.

예술의 분야는 다양합니다. 음악, 미술, 건축, 공예, 서예, 영화, 춤, 시, 소설 등등 수없이 많지요. 그것들을 한 권에 모두 설명하기는 사실상 불가능합니다. 하여 예술의 핵심이라 할 수 있는 미술과 음악을 중심으로, 유명한 작품과 분야별 특징을 살펴보았습니다. 또한 대륙별로 꼭 알아야 할 예술 지식을 알기 쉽게 적었습니다. 서양 예술이 가장 뛰어나고 아프리카 예술이 가장 뒤처진 것이 아닌 까닭입니다.

세계적인 화가 피카소가 아프리카 미술에서 큰 영향을 받았다고 밝힌 바 있듯, 예술은 서로 통합니다. 음악에서 자극을 받아 그림을 그리기도 하고, 시를 읽은 뒤 거기에 멜로디를 실을 수도 있습니다. 그런 맥락에서 로마 시인 호라티우스는 그림을 가리켜 '말 없는 시(詩)'라고 말했습니다. 그림 속에는 아름다운 감정이 들어 있다는 뜻에서입니다.

예술은 느끼는 것입니다. 한 예를 들면 생각이나 느낌을 소리로 표현한 것이 음악입니다. 이때 사전 지식이 있어야 느낄 수 있는 것도 있고, 그런 지식 없이도 느낄 수 있는 것이 있습니다. 다만 지식이 있을 경우 더 많이 느끼게 되겠지요. 감성적인 예술임에도 이성적으로 조금은 공부해야 할 이유가 여기에 있습니다.

아무쪼록 여러분이 이 책을 통해서 예술의 세계에 한층 더 가깝게 다가가기를 바랍니다.

지은이 박영수

차례

1. 작품에 숨어 있는 비밀 이야기

- 1·2일째 〈밀로의 비너스〉 팔은 어떤 모습이었을까? · 12
- 3·4일째 밀레의 〈만종〉에 숨어 있는 슬픈 이야기 · 16
- 5·6일째 미켈란젤로의 〈천지 창조〉에 담긴 인류 탄생 비밀 · 20
- 7일째 고흐는 왜 해바라기를 많이 그렸을까? · 24
- 8·9일째 로댕의 〈생각하는 사람〉 자세가 이상한 까닭 · 26
- 10·11일째 부르델의 〈활 당기는 헤라클레스〉 · 30
- 12·13일째 모나리자의 미소는 왜 유명할까? · 34
- 14·15일째 보티첼리가 〈비너스의 탄생〉에서 금발을 그린 이유 · 38
- 16·17일째 목 없는 윤두서 자화상의 비밀 · 42
- 18·19일째 김홍도의 〈씨름〉에 있는 수수께끼 · 46
- 20·21일째 이중섭은 왜 황소를 즐겨 그렸을까? · 50
- 22·23일째 박수근이 빨래터를 여러 점 그린 연유 · 54
- 24·25일째 베토벤의 교향곡, 〈영웅〉과 〈합창〉에 담긴 이야기 · 58
- 26·27일째 모차르트의 〈마술피리〉 · 62

2. 대륙별로 살펴본 미술 이야기

28·29일째 아프리카를 대표하는 원색 그림 팅가팅가·68
30·31일째 아프리카의 특이한 나무 조각, 자이르와 우자마·72
32·33일째 영혼이 담긴 아프리카 돌 미술, 쇼나 조각·76
34일째 영원을 추구한 이집트 미술·80
35·36일째 멕시코 전통문화를 벽화로 그린 디에고 리베라·83
37·38일째 콜롬비아의 보테로, 사랑스러운 뚱뚱함을 그리다·88
39·40일째 서양 미인화에 어찌하여 누드가 많을까?·92
41·42일째 동양 미인도의 특징과 서양 미인화와의 차이점·96
43·44일째 유럽 성당 창문에 스테인드글라스 장식이 많은 까닭·100
45·46일째 〈디오게네스가 있는 풍경〉과 서양 풍경화·104
47·48일째 동양 산수화가 서양 풍경화와 다른 점·108
49·50일째 네덜란드에서 정물화를 '식탁 그림'이라 부른 이유·112
51·52일째 한국화에 빈 공간이 많은 이유·116
53일째 궁궐과 사찰에만 단청을 한 연유·120
54일째 우리나라 전통 초상화 얼굴 피부색은 왜 생생할까?·122

3. 대륙별로 살펴본 음악 이야기

55·56일째 아프리카 사람들은 왜 타악기를 좋아할까?·126
57·58일째 서양에서 천사 악기가 하프로 묘사되는 까닭·130
59·60일째 서양 악단에서 지휘자가 하는 중요한 역할은 뭘까?·134
61일째 스코틀랜드 축제의 상징 백파이프 연주 음악·138
62·63일째 이탈리아가 성악으로 유명한 이유·140
64·65일째 이탈리아 남자가 구애할 때 세레나데를 부른 연유·144
66·67일째 시를 읊조리듯 부르는 프랑스 샹송·148
68·69일째 오스트리아의 왈츠, 3박자의 경쾌한 춤곡·152
70·71일째 스페인의 격정적인 무용 음악 플라멩코·156
72·73일째 포르투갈의 파두, 슬픔을 담은 연주와 노래·160
74일째 아르헨티나의 탱고, 피로 해소제로 출발하다·164
75·76일째 브라질의 삼바, 정열을 뿜어내는 춤곡·166
77·78일째 인도네시아의 가믈란, 타악기 중심의 기악 합주·170
79·80일째 인도 영화에는 왜 흥겨운 음악이 등장할까?·174
81·82일째 중국의 대표적 악기, 얼후·178
83일째 일본의 세 줄 현악기, 샤미센·182
84일째 국악 악단에 지휘자가 없는 이유·184
85일째 농악대는 왜 돌아다니면서 연주하나?·186

4. 그 밖의 예술 이야기

- 86일째 동굴 벽화의 동물 머리가 오른쪽 방향인 까닭·190
- 87일째 고구려인이 고분 벽화를 그린 이유·192
- 88일째 아름다운 풍경을 '한 폭의 수채화'라고 하는 연유·195
- 89일째 즉석 초상화 재료로 왜 파스텔을 많이 쓸까?·198
- 90·91일째 크레파스가 크레용과 다른 점은 무엇일까?·200
- 92일째 민화 '까치와 호랑이'는 무슨 의미일까?·204
- 93일째 화가들이 누드화를 많이 그리는 이유·206
- 94일째 선비들은 왜 사군자를 그렸을까?·208
- 95일째 타악기, 관악기, 현악기 중 가장 먼저 생긴 악기는?·210
- 96일째 아카펠라란 무엇인가?·212
- 97일째 '도레미파솔라시'는 누가 만들었을까?·214
- 98일째 음악 콘서트는 언제부터 시작됐을까?·216
- 99일째 음악 경연 대회를 '콩쿠르'라고 하는 이유·218
- 100일째 클래식은 왜 지루할까?·220
- 101일째 〈아리랑〉은 왜 전국마다 가사가 다를까?·222

RUSSIA
FINLAND
EST.
LAT.
LITH.
BELARUS
POLAND
UKRAINE
MOLDOVA
ROMANIA
BULGARIA
GREECE
TURKEY
GEORGIA
ARMENIA
AZERBAIJAN
KAZAKHSTAN
MONGOLIA
UZBEKISTAN
KYRGYZSTAN
TURKMENISTAN
TAJIKISTAN
N. KOREA
CHINA
CYPRUS
SYRIA
LEB.
ISRAEL
IRAQ
JORDAN
IRAN
AFGHANISTAN
KUWAIT
PAKISTAN
NEPAL
BHUTAN
EGYPT
SAUDI
ARABIA
BAHRAIN
QATAR
BANGLADESH
OMAN
INDIA
BURMA
LAOS
CHAD
ERITREA
YEMEN
THAILAND
VIETNAM
SUDAN
DJIBOUTI
CAMBODIA
ETHIOPIA
SRI
LANKA
C.A.R.
SOMALIA
BRUNEI
MALAYSIA
MALDIVES
UGANDA
KENYA
RWANDA
SINGAPORE
ZAIRE
BURUNDI
TANZANIA
SEYCHELLES
ZAMBIA
MALAWI
COMOROS
Indian Ocean
ZIMBABWE
MOZAMBIQUE
MADAGASCAR
MAURITIUS
BOTSWANA
Tropic of Capricorn
SWAZILAND
LESOTHO
SOUTH
AFRICA

1 작품에 숨어 있는 비밀 이야기

- 〈밀로의 비너스〉 팔은 어떤 모습이었을까?
- 밀레의 〈만종〉에 숨어 있는 슬픈 이야기
- 미켈란젤로의 〈천지 창조〉에 담긴 인류 탄생 비밀
- 고흐는 왜 해바라기를 많이 그렸을까?
- 로댕의 〈생각하는 사람〉 자세가 이상한 까닭
- 부르델의 〈활 당기는 헤라클레스〉
- 모나리자의 미소는 왜 유명할까?
- 보티첼리가 〈비너스의 탄생〉에서 금발을 그린 이유
- 목 없는 윤두서 자화상의 비밀
- 김홍도의 〈씨름〉에 있는 수수께끼
- 이중섭은 왜 황소를 즐겨 그렸을까?
- 박수근이 빨래터를 여러 점 그린 연유
- 베토벤의 교향곡, 〈영웅〉과 〈합창〉에 담긴 이야기
- 모차르트의 〈마술피리〉

1·2일째

<밀로의 비너스> 팔은 어떤 모습이었을까?

"이게 뭐지?"

1820년 4월 8일, 당시 오스만 제국(지금의 터키)의 지배를 받던 에게 해 밀로 섬에 사는 한 농부가 밭을 갈다가 대리석 조각상을 발견했습니다. 모두 파 보니 가슴을 드러낸 채 아랫도리에만 옷을 걸친 아름다운 여인상이었습니다. 두 팔은 없었습니다.

"두 팔은 부서졌지만 정말 아름답네!"

소문이 금방 퍼졌고, 며칠 후 프랑스 해군 장교가 조각상의 가치를 높게 평가하여 터키 주재 프랑스 대사에게 구입하는 게 좋다는 의견을 냈습니다. 프랑스 대사는 그 건의를 받아들여 농부에게 돈을 주고 조각상을 구입하여 1821년 프랑스 국왕 루이 18세에게 바쳤습니다.

조각상에게는 발견된 섬의 이름을 따서 프랑스 어로 '밀로의 비너스(Vénus de Milo)'라는 이름을 붙였습니다. 조각상은 고대 그리스 시대 작품이기에 그리스 어로 '멜로스의 아프로디테'라고도 불렸습니다. 그리스 신화의 아프로디테와 로마 신화의 비너스는 같은 여신이거든요.

"대단한 작품입니다."

〈밀로의 비너스〉를 본 사람들은 대부분 위와 같이 감탄했습니다. 몸짓과 주름 잡혀 늘어진 옷자락이 매우 우아했기 때문입니다. 또한 2.04미터 높이로 유럽 여성의 평균 키보다 큼에도 불구하고 어딘지 모르게 여인의 몸매가 조화롭게 느껴졌기 때문입니다. 거기에는 이유가 있었습니다.

"배꼽을 중심으로 상반신과 하반신이 황금비로 이뤄져 있구나!"

'황금비'는 선분(양쪽에 끝나는 점이 있는, 직선의 부분)을 나눌 때 균형과 조화를 나타내는 비율을 나타내는 말입니다. 구체적으로 말하자면 전체에 대한 큰 부분의 비와 큰 부분에 대한 작은 부분의 비가 같도록 한 비율이며, 대략 1.618:1입니다. 고대 그리스 인은 인체를 표현할 때 황금비로 하면 가장 아름답다는 사실을 발견하여 조각상으로 만들었는데, 〈밀로의 비너스〉가 그걸 가장 잘 표현한 작품이었던 것입니다.

"그런데 두 팔은 어떤 모습이었을까?"

학자들의 연구 결과 〈밀로의 비너스〉는 기원전 130년에서 100년 사이에 제작된 것으로 밝혀졌습니다. 하지만 부서져서 사라진 두 팔이 원래 어떤 모습이었는지에 대해서는 저마다 다른 의견을 내놓았습니다. 19세기 말엽 〈밀로의 비너스〉를 소장한 루브르 박물관이 두 팔의 원래 모습에 대해 공모전을 열었으나 모두의 고개를 끄덕이게 하는 내용은 없었습니다.

"머리에 장신구를 꽂으려 하는 모습이었을 것입니다."

"두르고 있는 천을 벗으려 하는 모습이었을 것입니다."

"자신을 비춰 볼 큰 거울을 잡고 있었을 것입니다."

가장 설득력 있는 주장은 박물관 학예 연구사들이 내놓았습니다.

"왼손에 사과를, 오른손에 천을 들고 있었을 것으로 생각됩니다."

학예 연구사들은 그 근거로 발굴된 조각상 파편 하나를 들었습니다. 왼손으로 추정된 조각은 뭔가를 쥐고 있는 것처럼 보였는데, 그 뭔가는 사과가 틀림없다고 말했습니다. 그리스 신화에서 헤라, 아테나, 아프로디테 세 여신이 아름다움을 겨루었을 때 파리스(트로이 왕의 아들)가 아프로디테에게 황금 사과를 주어 최고 미인으로 판정한 일이 있는 까닭입니다. 이 설 역시 모두의 공감을 얻지는 못했지만 나름대로 일리는 있습니다.

어찌 됐든 오늘날 〈밀로의 비너스〉는 두 팔이 있든 없든 간에, 아름다운 얼굴과 풍만한 몸매 그리고 약간 몸을 비틀고 있는 독특한 곡선미를 과시하며 그리스 조각의 최대 걸작으로 평가받고 있습니다.

밀레의 〈만종〉에 숨어 있는 슬픈 이야기

3·4일째

    20세기 초엽, 살바도르 달리가 부모님과 함께 루브르 미술관에 가서 여러 그림을 보았습니다. 어린 달리는 이런저런 그림을 감상하다가 밀레의 〈만종〉 앞에서 비명을 질렀습니다. 느닷없는 외침에 놀란 부모님이 아들에게 그 까닭을 물었습니다.

    "애야, 왜 그러니?"

    "바구니 속에 관(棺, 시체를 담는 상자)이 들어 있어요. 무서워요."

    하지만 부모님은 아이의 말을 믿지 않았습니다. 워낙 괴짜에 말썽꾸러기였기 때문입니다. 달리는 다른 사람들에게도 같은 이야기를 했으나 아무도 그의 말을 믿지 않았습니다. 훗날 달리는 세계적으로 유명한 화가가 된 후에도 같은 주장을 되풀이했습니다.

    루브르 미술관은 세계적인 화가의 거듭된 주장을 무시할 수 없어 X선 촬영으로 그림을 감정했습니다. 그랬더니 놀랍게도 밑그림에 아기의 관으로 보이는 상자가 그려져 있었습니다. 또한 바구니 아래 땅을 유심히 보니 네모난 구덩이가 파여 있음이 확인됐습니다. 이로 인해 밀레의 〈만종〉은 새삼스레 세계인의 주목을 받았습니다.

〈만종〉은 어떤 그림일까요? 우선 '만종(晩鐘)'이란 말부터 풀이하면 '교회에서 저녁에 치는 종'을 뜻합니다. 예전 프랑스에서는 저녁 무렵 교회에서 종을 울리면 신자들이 하던 일을 멈추고 죽은 사람들을 위해 기도를 올리는 풍습이 있었습니다. 밀레는 어린 시절 자신의 할머니가 들판에서 만종 기도 올리는 모습을 자주 보며 자랐습니다.

그렇다면 밀레는 어떤 사람일까요? 장 프랑수아 밀레(1814~1875)는 평생을 가난과 싸우며 어려운 환경 속에서 자기 믿음을 그림으로 그린 화가입니다. 밀레는 다음과 같이 말한 바 있습니다.

"우리 생활에는 많은 괴로움이 있습니다. 하지만 모든 괴로움에도 불구하고, 그 근본에 착함(善)이라는 행복한 기초가 있습니다. 나는 그것을 그리려고 합니다."

밀레가 활동했던 시대(19세기 중엽)에는 대다수 화가가 밖으로 나가 자연 속에서 아름답거나 인상적인 풍경을 화폭에 담았습니다. 이에 비해 밀레는 화실에서 농촌과 농민 모습을 그렸습니다. 밖에서 본 자연 풍경을 마음에 담아 둔 다음, 화실에서 차분하게 그린 것이지요.

밀레의 화실은 특이했습니다. 햇빛이 환한 방이 아니라 빛이 거의 들지 않는 어두침침한 공간이었거든요. 밀레는 화실이 그런 이유에 대해 이렇게 설명했습니다.

"나는 언제나 그늘에서 그림을 그립니다. 나는 절반 정도의 어두움 속에 있지 않으면 시력이 날카롭지 못하고 두뇌도 맑아지지 않습니다."

그래서 그럴까요. 밀레는 땅도, 인체 피부도, 옷도 대부분 뿌옇고 단조로운 필치로 그렸습니다. 마치 흐릿한 사진 같은 느낌으로 말이지요. 밀레의 대표작으로 평가받는 〈만종〉과 〈이삭줍기〉에 그런 특징이 잘 나타나 있습니다. 특히 〈만종〉은 해 질 무렵의 빛을 이용해 서정적인 분위기를 나타낸 작품으로 유명합니다.

한편 밀레가 애초에 표현하려 한 것은 농민의 슬픔 혹은 어려운 현실이었습니다. 그 시절 농민들은 끼니를 제대로 때우지 못하는 일이 많았습니다. 밀레는 그런 사정을 알리고자 굶어 죽은 아이를 관에 넣고 기도드리는 농민 부부를 그렸습니다. 그런데 밀레의 친구가 우연히 그림을 보고는 아기를 넣지 않는 게 좋겠다며 말렸습니다. 밀레는 고심 끝에 관 위에 바구니를 덧그렸습니다. 1857년 완성된 〈만종〉은 그런 사실이 알려지지 않은 채, 하루 일을 마친 농부 부부가 교회 종소리를 들으며 조용히 기도하는 평화로운 그림으로 널리 알려졌습니다. 종교를 떠나 경건한 모습이 시적인 분위기마저 느끼게 해 주기에 그렇습니다.

미켈란젤로의 〈천지 창조〉에 담긴 인류 탄생 비밀

5·6일째

"시스티나 성당 천장에 성경의 천지 창조 내용을 그려 주시오!"

1508년, 바티칸 교황 율리우스 2세는 미켈란젤로(1475~1564)에게 위와 같이 부탁했습니다. 미켈란젤로는 정중히 거절했습니다. 미켈란젤로는 〈피에타〉와 〈다비드〉 조각상으로 이미 명성을 얻은 조각가로서 그림보다 조각에 관심이 많았을 뿐만 아니라 올려다보기도 힘든 높은 천장에 그림을 그릴 자신이 없었기 때문입니다. 하지만 예술을 좋아하고 예술가를 적극 후원해 온 교황은 거듭 미켈란젤로에게 천장화를 부탁했습니다. 이에 미켈란젤로는 두 가지 조건을 내걸었습니다.

"그림이 완성될 때까지 절대로 보지 말고, 급료를 달마다 제때 주십시오."

"날마다 진행되는 성당 미사를 방해하지 말고, 혼자서 그림을 완성하시오."

교황도 두 가지 조건을 내걸었고, 이로써 작업이 시작됐습니다. 미켈란젤로는 처음에는 천장에서 내린 끈에 매달려 그림을 그리다가 여러 불편을 느껴 방법을 바꿨습니다. 천장 양쪽 창을 연결한 작업 다리를 만든 다음 거기에 누워서 그림을 그렸습니다.

미켈란젤로는 〈천지 창조〉를, 아담 창조에서부터 노아의 방주에 이르기

까지 아홉 장면으로 나눴습니다. 일반적으로는 시간적 순서로 그리지만 미켈란젤로는 노아의 방주부터 그렸습니다. 여기에는 이유가 있었습니다. 그때까지 아담의 탄생에 대한 그림이 없었기에, 미켈란젤로는 인간 탄생을 어떻게 표현해야 할지 가장 나중에 결정 내리고자 한 것입니다.

이에 따라 〈술에 취한 노아〉, 〈노아의 대홍수〉, 〈노아의 제사〉, 〈인간의 타락〉, 〈하와 창조〉, 〈아담 창조〉, 〈바다와 육지의 분리〉, 〈해와 달과 별들의 창조〉, 〈빛과 어둠의 분리〉 순으로 그려졌습니다. 하여 시스티나 천장화는 예배당 입구가 아니라 앞에서부터 보아야 창조의 순서가 됩니다.

미켈란젤로는 초반에는 사람 표정이나 손가락 하나까지 세세하게 그렸습니다. 그러다가 노아 장면을 완성한 뒤 천장화를 보고 문득 깨달았습니다.

'아래에서 보니 세세한 표현이 보이질 않네. 그렇다면 단순하게 그리되 입체감 있게 표현해야겠구나.'

미켈란젤로는 4년 6개월에 걸친 노력 끝에 1512년 10월 그림을 완성했습니다. 그해 11월 1일, 그림이 공개되자 사람들은 생생한 조각 작품처럼 입체적이고 웅장한 화면에 입을 다물지 못했습니다. 사람 키보다 열 배 이상 높은 천장에 창세기에 등장하는 인물 300여 명이 찬란한 색채로 그려져 있었던 까닭입니다.

"우아, 정말 대단하다!"

"잠깐 올려다보기도 힘든데 어떻게 저걸 그렸지?"

사람들 생각 이상으로 미켈란젤로는 고생을 많이 했습니다. 하루 열여덟 시간 그림을 그리는 동안 하늘만 바라본 바람에 눈동자가 위로 올라가 정면을 제대로 보지 못하는 고통을 겪게 됐고, 떨어지는 가루 때문에 시력이 나빠졌으며, 뒤집어쓴 물감으로 인해 온몸에 두드러기가 나는 등 여러 피부 질환을 앓았으니까요. 대단한 집념과 의지가 없었다면 불가능한 일을, 미켈란젤로는 혼자 힘으로 해낸 것입니다.

훗날 밝혀진 것이지만, 미켈란젤로는 〈천지 창조〉에 과학적 사고방식을 은밀히 집어넣었습니다. 〈아담 창조〉에서 그 대표적인 예를 찾아볼 수 있으니 하느님이 집게손가락을 통해 아담에게 생명의 기운을 넣어 주는 장면이 그것입니다.

미켈란젤로는 인류 탄생이 동물과 다른 지능에서 시작됐다는 뜻에서, 하느님과 주변 천사들을 인간 두뇌의 횡단면과 닮도록 그렸습니다. 다시 말해 표면적으로는 하느님이 아담(인간)에게 생명을 준 것처럼 보이지만, 은유적으로는 사람이 지적 능력을 갖춤으로써 인간 세상을 이뤄 냈다는 메시지가 〈아담 창조〉 그림에 숨어 있는 것입니다.

고흐는 왜 해바라기를 많이 그렸을까?

7일째

'예술을 통해 사람들에게 희망을 주자!'

빈센트 반 고흐(1853~1890)는 비교적 늦은 나이인 27세(1880년) 때부터 본격적으로 그림을 그리기 시작했습니다. 이리저리 방황하다 그림을 천직으로 삼으면서 마음의 안정을 찾은 것입니다. 고흐는 가난한 현실에 힘들어했지만, 미술품 거래 상점을 운영하는 동생 테오가 헌신적으로 뒷바라지해 주었기에 그림에 집중할 수 있었습니다.

"밝은 곳으로 가자!"

1888년에 고흐는 프랑스 남부 아를에 노란 집 한 채를 빌려 아름답게 장식하며 화가들의 공동체 생활을 꿈꿨습니다. 고흐는 오직 태양만이 진실하고 생명력 넘치는 존재라고 생각하여 따뜻한 남쪽으로 거처를 옮긴 것이며, 당시 존경하던 화가 폴 고갱을 기다리며 해바라기 그림을 그렸습니다. 고흐가 빌린 집에 해바라기가 많았고 주변에 해바라기가 가득했기 때문입니다.

'해바라기 빛깔이 노란 태양을 닮았네.'

고흐는 해바라기를 통해 삶과 죽음 혹은 부활을 표현하고자 했습니다. 그렇지만 뜻대로 그려지지 않았습니다. 마음이 답답할 때 고흐는 압생트라는 독한 술을 마셨습니다. 압생트에는 환각 물질이 들어 있었는데 그로 인해 고흐는 해바라기에게서 불타는 듯한 강렬한 모습과 황금빛을 보았습니다. 고흐는 그 느낌을 붓으로 나타냈습니다. 의사가 고흐에게 지나친 음주를 자제하라고 권유했지만, 고흐는 특이한 느낌을 계속 얻고자 압생트를 수시로 마셨습니다. 고흐는 1888년 8월부터 1890년 1월까지 꽃병에 꽂은 해바라기를 일곱 점이나 그렸습니다. 그 표현 기법이나 색깔이 워낙 독특하기에 오늘날 많은 사람이 고흐 하면 해바라기를 연상하고 있습니다.

8·9일째

로댕의 〈생각하는 사람〉 자세가 이상한 까닭

"무슨 생각을 하는 걸까?"
"나도 그게 궁금해."

프랑스 조각가 프랑수아 오귀스트 르네 로댕(1840~1917)의 〈생각하는 사람〉을 볼 경우 위와 같이 말하는 사람이 적지 않습니다. 한 남자가 바위에 걸터앉은 채 고개를 숙이고 뭔가 골똘히 생각하는 모습이 매우 인상적이니까요.

로댕의 〈생각하는 사람〉은 원래부터 단독 작품이 아니라 〈지옥의 문〉 중 일부 조각이었습니다. 〈지옥의 문〉은 로댕이 1880년 프랑스 정부로부터 장식 미술관의 출입문 제작을 부탁받고 만든 6.35미터 높이의 거대한 문이고요.

"지옥에서 고통받는 사람들을 표현하자."

로댕은 문에 어떤 풍경을 담을까 고민하다가 단테의 《신곡》〈지옥 편〉에 나오는 풍경을 나타내기로 결심했습니다. 로댕은 186명에 이르는 사람들이 괴로워하는 모습을 조각했고, 〈지옥의 문〉 윗부분 중앙에 〈생각하는 사람〉을 조각해 놓았습니다. 〈생각하는 사람〉은 시인 단테로서, 고통스러워하는 사람들을 내려다보며 깊은 생각에 잠긴 모습이었습니다.

"무척 인상적입니다!"

사람들이 〈생각하는 사람〉에 대해 큰 공감을 나타내자, 로댕은 1888년에 〈생각하는 사람〉을 크게 만들어 독립된 작품으로 발표했습니다. 〈생각하는 사람〉은 걸작으로 평가받으며 널리 알려졌습니다.

그런데 〈생각하는 사람〉은 왜 유명해졌을까요?

일반적으로 예술가들이 생각하는 모습을 나타낼 경우 고개 숙인 채 가슴을 안으로 웅크리거나 두 손 모아 기도하거나 머리 왼쪽 위 방향을 멍하니 바라보는 자세로 표현하곤 합니다. 또한 정적이며 수동적인 자세로 여겨 여성적인 자태의 형상을 많이 만들었습니다.

그런 점에서 로댕의 〈생각하는 사람〉은 여러모로 파격적이었습니다. 팔다리에 불끈 근육을 드러낸 남자의 인체도 그렇거니와 윗몸을 약간 숙인 채 오른쪽 팔꿈치를 왼쪽 무릎 위에 올려놓은 자세가 특히 그렇습니다. 사실 이 자세는 매우 부자연스럽고 오랫동안 유지하기 힘듭니다. 직접 한번 따라 해 보면 금방 알게 될 정도로 허리가 몹시 불편하고 어색함을 느끼게 되거든요.

뭔가 생각을 하려면 몸이 편안해야 합니다. 몸이 힘들면 육체적 고통 때문에 딴생각을 할 수 없습니다. 따라서 로댕의 〈생각하는 사람〉과 같은 자세로는 평화롭고 행복한 상상을 할 수 없습니다.

'인생의 의의는 무엇이고, 나는 올바르게 살아온 것인가?'

로댕의 의도는 바로 여기에 있습니다. 로댕은 긴장하여 팽팽한 근육을 통해 숭고해지려는 인간의 정신적 노력이 얼마나 힘들고 괴로운지를 나타내고자 했습니다. 다시 말해 지옥 풍경을 목격하고 인생이란 무엇인가에 대해 생각하는 시인의 모습이 곧 〈생각하는 사람〉인 것입니다.

한편, 사람들이 로댕의 〈생각하는 사람〉에서 어색함을 느끼지 못하는 것은 왜 그럴까요? 그 이유는 사람들이 인체를 실제보다 유연하게 생각하는 데 있습니다. 한 가지 예를 들면 보통 사람들은 고개를 90도 이상 돌리지 못하지만 뒤까지 고개를 돌려 뒤를 볼 수 있다고 착각합니다. 비슷한 생각에서 오른쪽 팔꿈치가 왼쪽 무릎 위에 올려져 있어도 그럴 수 있을 것이라 착각합니다. 그렇지만 그런 자세를 실제에서는 보기 힘들기에 〈생각하는 사람〉의 자세가 은연중 강렬하게 머리에 남는 것입니다.

10·11일째 부르델의 〈활 당기는 헤라클레스〉

프랑스 조각가 에밀 앙투안 부르델(1861~1929)이 어느 날 베토벤 연주회에 참석했을 때의 일입니다. 연주가 끝난 뒤 자리에서 일어서려는데, 일부러 그랬는지 우연이었는지 모르지만 옆 사람이 부르델의 모자를 자기 것처럼 집어 들었습니다. 부르델은 그 사람을 보더니 웃으면서 이렇게 말했습니다.

"어허, 이 사람! 나의 베토벤을 바꿔치기하더니 이젠 모자까지 바꾸려 하네."

부르델의 모자를 집으려 했던 사람이 평소 부르델의 베토벤 조각상을 흉내 내어 만들어 왔음을 알고 한 말이었습니다. 당시 부르델은 베토벤 얼굴 조각상을 많이 만든 것으로 유명했는데, 그 유명세를 이용한 모방 조각가도 많았기에 일어난 일입니다.

부르델은 청년 시절 베토벤에 대해 알게 된 후 평생 존경했습니다. 27세 때인 1888년 처음으로 베토벤 얼굴 조각상을 만들었으며 그 뒤 수십 점을 계속해서 제작했습니다.

"귀가 먼 사람(베토벤)이 매번 신을 향해 호소하는 그 소리는 물결처럼 나의 영혼에도 강하게 울려 퍼졌다."

베토벤이 청각 장애를 앓으면서도 뛰어난 곡을 작곡한 사실은 부르델에게 용기를 주었고, 부르델은 베토벤의 불룩 튀어나온 이마를 보며 자신의 외로움이나 어려운 마음을 위로받곤 했습니다. 부르델은 베토벤 조각상들을 똑같은 모습으로 만들지 않았습니다. 초기에는 실제 얼굴 그대로 표현했으나 시간이 흐를수록 더 대담하면서 더 크게 만들었습니다. 베토벤 얼굴을 멋지게 세련된 모습으로 꾸미기보다 고뇌 혹은 비장한 마음이나 굳센 의지가 느껴지게끔 조각한 것입니다. 부르델이 세상에 선보인 베토벤 얼굴 조각상은 힘이 넘치는 머릿결, 튀어나온 이마, 두드러진 광대뼈, 퉁명스럽게 보이는 입이 특징입니다.

부르델은 일생 동안 거의 모든 베토벤 연주회를 빠지지 않고 참석했으며, 틈날 때마다 베토벤 음악을 듣거나 베토벤 얼굴을 그리거나 조각을 했습니다. 부르델에게 베토벤은 신과 같은 존재이자 친구 같은 동반자였던 것입니다.

부르델은 1893년부터 1908년까지 로댕의 작업실에서 조수로 일했습니다. 자연히 로댕의 영향을 받았지만 1900년 이후 고대 그리스 조각에서 영감을 받으며 독자적인 예술성을 나타내기 시작했습니다.

그가 1909년에 완성한 〈Hercules the Archer(헤라클레스 더 아처)〉는 부르델의 대표작으로 유명합니다. 우리나라에서는 흔히 〈활 쏘는 헤라클레스〉로 번역되고 있으나 엄밀히 말하자면 〈활 당기는 헤라클레스〉가 옳습니다. 화살을 쏘기 위해 활을 당기고 있으니까요.

그런데 부르델은 왜 헤라클레스, 그것도 활을 당기는 모습에 주목했을까요?

'사람의 진정한 힘은 정신력에서 나온다.'

부르델은 생명력 넘치는 인체를 표현하고 싶어 했으며, 그 본보기를 헤라클레스에서 찾았습니다. 헤라클레스가 그리스 신화에서 힘과 용기를 갖춘 사내다움의 모범적 상징이었기 때문입니다. 또한 부르델은 헤라클레스의 12과업 가운데 괴물 새를 쏘아 죽인 여섯 번째 과업이 누구의 도움 없이 오직 활과 화살만으로 이뤄 냈다는 점에서 가장 헤라클레스다운 일 처리라고 생각했습니다.

부르델은 운동을 즐기는 친구 파리고에게 모델이 되어 달라고 부탁했습니다. 발달된 근육을 지닌 파리고는 부르델을 위해 기꺼이 하루 아홉 시간 이상 힘든 자세를 보여 주었습니다. 이렇게 해서 제작된 〈활 당기는 헤라클레스〉는 발표와 동시에 큰 화제를 낳았습니다.

"막 화살을 쏘려는 역동성이 사실감 있게 느껴지네!"

조각이 팽팽한 육체적 긴장감과 더불어 집중하는 정신력까지 자연스럽게 풍겼기 때문입니다. 부르델은 굳이 활시위를 표현하지 않았는데 이는 물질보다 정신력과 상상력을 강조하기 위함이었습니다. 오늘날 이 작품은 육체미와 정신세계를 아주 잘 담은 부르델 최고의 역작으로 평가받고 있습니다.

모나리자의 미소는
왜 유명할까?

12·13일째

　레오나르도 다빈치(1452~1519)가 이탈리아 밀라노 산타마리아 델레 그라치에 교회 식당에 벽화를 그릴 때의 일입니다. 당시에는 교회 식당에 최후의 만찬을 그려 놓는 것이 유행이었습니다. 최후의 만찬은 성경에서, 예수가 수난을 당하기 전날 밤 열두 제자와 함께 가진 저녁 식사 풍경을 가리키는 말입니다.

　다빈치는 1492년 착하게 생긴 젊은이를 모델로 예수를 그렸고 이후 6년 동안 제자 열한 명을 차례차례 그렸습니다. 그리고 마지막으로 예수를 몰래 고발한 유다의 모델을 찾았지만 쉽지 않았습니다. 다빈치는 살인을 저지른 사형수 감옥을 방문하여 어렵사리 냉혹해 보이는 한 사람을 유다의 모델로 삼았습니다. 그런데 유다 그림이 완성됐을 때, 그 죄수는 다빈치에게 자기를 모르겠냐고 물었습니다. 다빈치가 고개를 도리질하자, 그 죄수는 6년 전에 예수의 모델이 바로 자기였다고 주장했습니다. 그렇다면 몇 년 사이에 범죄를 저지르고 사람 인상이 확 달라져서 못 알아보았다는 것입니다. 이에 충격받은 다빈치는 더 이상 예수에 관한 그림을 그리지 않았다고 합니다.

위 이야기는 레오나르도 다빈치를 설명한 일부 책에서도 언급할 만큼 사실처럼 전해져 오고 있습니다. 하지만 사실이 아닙니다. 〈최후의 만찬〉이 그려진 교회 건물은 1495년부터 착공되어 3년 만인 1497년에 건축됐거든요. 다빈치가 유다 모델을 찾아 헤맸다는 기간도 틀리거니와 3년 만에 같은 사람의 얼굴이 몰라볼 정도로 달라질 가능성도 희박하고요. 따라서 다빈치가 그린 〈최후의 만찬〉이 워낙 뛰어났기에 훗날 누군가 만들어 낸 일화로 생각됩니다.

다빈치의 〈최후의 만찬〉이 걸작으로 평가받는 이유는 무엇일까요? 간단히 말하자면 성경 이야기를 그대로 묘사하기보다 과학적 계산을 통해 예술적 아름다움을 이끌어 낸 데 있습니다. 다빈치는 예수 뒤쪽에 있는 창문이 후광(거룩한 존재의 머리 둘레를 두르는 빛) 역할을 하고, 제자들을 여섯 명씩 양쪽으로 배치하면서, 당시로서는 파격적으로 원근법을 도입하여 자연스레 보는 사람의 시선이 예수를 향하도록 했습니다. 1980년 유네스코는 이 그림을 세계 문화유산으로 지정했습니다.

"신비한 미소야!"
"웃는 것인지 아닌지 수수께끼의 미소야."
다빈치의 걸작으로 〈모나리자〉를 빼놓을 수 없습니다. 묘한 미소를 두고 '신비한 수수께끼의 표정'이라는 말이 널리 퍼질 정도로 유명하니까요. 그동안 모나리자의 표정을 두고 많은 학자가 나름대로 분석을 했고 그 결과 몇 가지 의문이 풀렸습니다.

"모나리자의 미소를 보려면 주변 시야를 사용해야 합니다."

미국 하버드 대학 마거릿 리빙스턴 교수는 똑바로 바라보는 중심 시야로는 모나리자의 미소를 볼 수 없으며, 직접 입 주위를 보지 말고 얼굴의 다른 부분을 쳐다봐야 모나리자가 웃고 있음을 느낄 수 있다고 주장했습니다.

"모나리자의 얼굴을 어디서 보느냐에 따라 표정이 달라집니다."

오스트리아 잘츠부르크 대학 플로리언 허츨러 교수 역시 모나리자의 입을 정면으로 쳐다보면 미소는 사라지고 무표정한 장면만 남게 된다는 연구 결과를 내놓았습니다. 이로써 〈모나리자〉에서 어떤 사람은 미소를 보고 어떤 이는 보지 못하는 비밀이 밝혀졌습니다.

그렇지만 아직도 풀지 못한 비밀이 여럿 있습니다. 왕족이나 귀족이 권위를 과시하고자 초상화를 그린 당시에 어찌하여 상복(가족이 죽었을 때 입는 옷) 차림의 여인을 그렸는지, 그것도 1503년부터 1519년 사망하기 직전까지 거의 20년 동안 매달린 이유를 도무지 알 수 없습니다. 그래서 지금도 〈모나리자〉는 여전히 수수께끼의 명화로 불리고 있습니다.

보티첼리가 〈비너스의 탄생〉에서 금발을 그린 이유

14·15일째

"헉, 여신이 알몸으로 서 있네!"

"머리 색깔은 황금색이네요."

이탈리아 화가 산드로 보티첼리(1445~1510)가 메디치 가문의 부탁을 받고 별장에 장식할 〈비너스의 탄생〉을 완성했을 때, 사람들은 그림을 보고 놀라워했습니다. 비너스(사랑의 여신)가 옷 하나 입지 않은 모습으로 등장했기 때문입니다. 보티첼리는 왜 그랬을까요?

〈비너스의 탄생〉은 르네상스 정신을 잘 보여 주는 명화로 유명합니다.

'르네상스'는 14세기부터 16세기에 이르기까지 자유로운 정신을 추구한 문예 부흥 운동을 가리키는 말인데, 보티첼리는 그림을 통해 그런 면모를 잘 나타냈습니다. 좀 더 구체적으로 말하자면 벌거벗은 인체는 자유로움(금기로부터의 벗어남)을 상징하고, 금발은 아름다움을 추구하는 마음을 상징합니다.

왜냐하면 그 이전까지 벌거벗은 여성을 그리는 것은 금기였거든요. 오랜 세월 기독교 신앙의 영향으로 쾌락이나 욕망은 경계해야 할 대상으로 여겼고, 사람들은 종교 규율에 따라 다소 억압적인 생활을 하면서 멋 부리지 않고 살아왔습니다.

그럼에도 불구하고 보티첼리는 여신이라는 명목으로 여성의 벌거벗은 몸을 그려서 인체의 아름다움을 의도적으로 나타냈습니다. 또한 머리 빛깔을 일반적인 이탈리아 여성의 검은 머리와 달리 금발로 표현하여, 욕망을 죄로 규정한 종교적 금기를 은유적으로 비판했습니다. 한편 그 무렵 이탈리아 여인들은 금발을 부러워하여 사프란과 양파 껍질을 섞어 만든 물감으로 머리를 노랗게 염색했으며, 외모 꾸밈에 관심 있는 여성은 머리를 노랗게 물들이는 방법부터 알아내려 애썼습니다. 그러므로 보티첼리는 당시 유행을 반영하면서 자연스럽게 미인도를 그린 것입니다.

하지만 단순히 여성 몸매만 그린 것은 아니고, 그 속에 이야기를 담아 공감을 이끌어 냈습니다. 비너스 오른편에서 옷을 들고 마중 나온 이는 계절의 여신이고, 비너스 왼편에서 입김을 내는 이는 바람의 신입니다. 주변에 날리는 꽃은 봄의 시작을 상징하고요. 상황을 정리하자면 봄이 시작될 즈음 바다에서 태어난 비너스가 서풍에 밀려 키프로스 섬에 닿았고 그

때 계절의 신이 맞이하는 장면이 곧 〈비너스의 탄생〉인 것입니다.

〈비너스의 탄생〉은 르네상스 시기에 나타난 최초의 누드 작품이며, 이후 다른 화가들도 여신을 빙자해 여성의 누드를 그렸고 점차 일반 여성의 누드도 그렸습니다. 하여 오늘날 〈비너스의 탄생〉은 인간성 해방을 아름다운 그림으로 표현한 명작으로 평가받고 있습니다.

목 없는 윤두서 자화상의 비밀

16·17일째

'초상화'는 어떤 사람의 얼굴을 그린 그림을 뜻하는 말입니다. 화가가 자신의 얼굴을 그린 그림은 '자화상'이라고 합니다.

"화가들은 왜 자화상을 많이 그렸을까?"

화가들은 처음부터 자기 얼굴을 그리지 않았습니다. 아주 오래전에는 국왕의 얼굴 혹은 신(神)이나 성인(聖人)의 얼굴을 그렸습니다. 아무나 초상화의 대상이 될 수 없었던 까닭이지요.

서양의 경우 르네상스 시대인 15세기부터 본격적으로 자화상이 그려졌습니다. 이때도 화가들은 되도록 다른 사람을 모델로 하여 그림을 그리려 했습니다. 하지만 그러려면 돈이 필요했습니다. 사람 얼굴을 그리는 일이 사진 찍듯 순식간에 이뤄지지 않는 까닭입니다. 따라서 짧게는 며칠에서 길게는 몇 달 동안 모델을 화실에 앉혀 두어야 했는데 넉넉지 못한 경제 사정이 화가를 고민하게 만들곤 했습니다. 그리하여 돈 들지 않는 모델, 즉 자기 얼굴을 그리게 된 것입니다. 또한 여기에는 자신의 얼굴을 영원히 알리고 싶은 욕망도 한몫했습니다. 그러나 17세기 이후 낭만주의 물결이 사회 전반에 퍼지면서 화가들은 단순히 돈 때문이 아니라 슬픔이나 그리움 따위의 자기 감정을 나타내고자 자화상을 그렸습니다.

"한국에서 가장 오래된 초상화는 무엇일까?"

우리나라의 경우 국왕이나 나라에 큰 공을 세운 신하가 대부분 초상화의 주인공이었습니다. 현존하는 최초의 초상화는 고구려 안악 3호분 고분벽화에 있으며, 이름을 알 수 있는 최초의 초상화는 국보 제111호로 지정된 안향(1243~1306)의 초상화입니다. 안향은 고려 시대 학자로 중국의 주자학을 받아들이는 데 큰 역할을 했습니다. 그 공로를 치하하고자 안향이 죽은 뒤인 1318년 충숙왕이 왕명으로 안향 초상화를 그리도록 했습니다. 안향 초상화는 현재 경상북도 영주시 소수 서원에 보관되어 있습니다.

"사람이 살아 있는 것 같은 느낌이야!"

윤두서의 자화상은 지금까지 전해 오는 초상화 중에서 매우 특이하면서도 뛰어난 작품입니다. 윤두서(1668~1715)는 누구일까요? 윤두서는 과거에 합격했으나 벼슬을 포기하고 고향에서 학문과 예술로 생애를 보낸 학자이자 예술가입니다. 그는 말과 사람을 잘 그렸으며, 자기 얼굴을 직접 그려 남겼습니다. 바로 자화상(국보 제240호)입니다.

"수염 한 올 한 올이 섬세하네."

자화상에서 윤두서는 진지한 눈빛으로 정면을 바라보고 있습니다. 두툼한 입술은 꽉 다물어 강한 인상을 주고, 볼은 약간 살찐 편이며, 수염은 한 올의 굵기가 1밀리미터일 정도로 세밀하게 표현했습니다. 윤두서는 가늘고 긴 수염을 그리기 위해 쥐의 수염으로 만든 특수한 붓을 사용했습니다.

자화상 속의 윤두서 수염은 사자 갈기처럼 좌우로 뻗쳐 있는데 이는 보통 사람들의 수염 난 얼굴 모습과 다릅니다. 윤두서가 의도적으로 수염을 드세게 표현하여 강인한 의지를 나타내고자 한 것이라 짐작됩니다.

"왜 목을 그리지 않았을까?"

"어찌 보면 귀신처럼 무서워!"

그런데 광복 이후 공개된 윤두서 자화상은 한동안 미완성으로 여기거나 목 없는 초상화라는 오해를 받았습니다. 목과 상체는 물론 귀도 없이 오직 얼굴만 그려져 있었기 때문이지요. 신체 일부를 떼어 내고 그림을 그린다는 것은 상상할 수 없었던 조선 시대 분위기를 감안하면 참으로

이상한 일이었습니다.

  최근 들어 그 비밀이 풀렸습니다. 적외선 촬영과 X선 촬영 그리고 현미경 관찰 등 과학적 분석을 통해 윤두서가 귀를 그렸으며, 목과 상체도 그렸음이 밝혀진 것입니다. 보존 과정에서 일부가 지워지거나 희미해지는 바람에 맨눈으로 보았을 때 오해를 하게 된 것이지요.

  그렇다 하더라도 윤두서 자화상은 표현 형식이나 기법에서 독보적인 예술 작품이자 등장인물의 도도한 정신세계를 엿볼 수 있는 한국적 초상화 걸작으로 높이 평가받고 있습니다.

김홍도의 〈씨름〉에 있는 수수께끼

18·19일째

"단원의 그림은 인물, 산수, 신선, 불화, 꽃과 과일, 새와 벌레, 물고기와 게 등에 이르기까지 모두 뛰어나서 옛사람과 비교할지라도 그와 대항할 사람이 거의 없었다."

단원 김홍도(1745~?)는 조선 시대 후기에 활약한 화가입니다. 문장과 그림에 능했던 강세황으로부터 위와 같은 평가를 받을 만큼 그리지 못하는 그림이 없을 정도로 실력이 대단했습니다. 그의 그림을 사려는 사람도 많았지만 김홍도는 경제적으로 넉넉지 못하게 살았습니다. 술을 너무 좋아하는 데다 내일을 생각지 않는 성격이라 그랬습니다.

어느 날 김홍도는 매화나무 한 그루를 우연히 보고 주인에게 물었습니다.

"파는 나무인가요? 값은 얼마요?"

"2000냥입니다."

김홍도는 거기서 입을 다물었습니다. 욕심은 났지만 당장 먹을 쌀도 없는 형편이었거든요. 그로부터 며칠 후 한 갑부가 김홍도에게 그림을 부탁

해 왔습니다.

"그림 한 점 그려 주시면 3000냥을 드리겠소이다."

김홍도는 흔쾌히 승낙하여 그림을 그려 주고 돈을 받았습니다. 김홍도는 즉각 매화나무가 있는 집으로 가서 나뭇값을 치르고 가져왔습니다. 그러고는 술과 안주를 마련하여 가깝게 지내는 사람들을 불렀습니다. 김홍도가 묘하게 생긴 매화나무를 샀다고 자랑하자, 사람들이 어떻게 마련했는지 궁금해했습니다.

"그림을 그려 주고 3000냥 받았다네. 그중 2000냥은 매화나무의 값으로 주고, 800냥으로 여기 술과 안주를 마련했지. 남은 200냥으로 쌀과 땔감을 샀고. 하하하!"

사람들은 큰돈을 하루에 모두 써 버린 김홍도의 헤픈 씀씀이에 놀라워했지만, 정작 김홍도는 껄껄 웃으며 대수롭지 않은 모습을 보였다고 합니다.

김홍도는 여러 그림을 남겼지만 〈서당〉, 〈씨름〉, 〈춤추는 아이〉, 〈빨래터〉 등등 서민들의 일상생활을 그린 인물 풍속화로 특히 유명합니다. 여러 풍속화 중에서 〈씨름〉은 김홍도의 남다른 감각을 엿볼 수 있는 작품입니다. 보이는 모습 그대로가 아니라 그림을 보는 사람이 현장에 있듯 사실감 있게 느껴지도록 그렸으니까요.

그 의도는 마름모꼴 경기장에 숨어 있습니다. 일반적으로 씨름판은 원형이지만 김홍도는 일부러 마름모꼴로 씨름판을 구성했습니다. 그리고 그림 위쪽에 열세 명, 아래쪽에 여섯 명의 구경꾼을 배치하여 윗부분이 넓고 아랫부분이 좁게 느껴지는 역삼각형 구도를 사용했습니다. 이럴 경우 안정감은 줄어들고 긴장감이 커집니다. 무게 중심이 위에 있으면 흔들흔들 위태로워 보이거든요. 또한 한가운데 두 씨름 선수가 어느 방향으로 쓰러질지 예측하기 힘들게끔 그래서 관객으로 하여금 집중하게 만들었습니다.

"씨름 선수 중 한 명은 평민이고, 한 명은 양반이네."

그런가 하면 김홍도는 옷차림을 통해 그림을 그린 시기와 등장인물의 신분을 알 수 있게끔 하였습니다. 씨름 선수들이 벗어 놓은 신발을 보세요. 가죽신과 짚신이지요? 가죽신은 양반이 신었고, 짚신은 평민이 신었으므로 각각 양반과 평민임을 알 수 있습니다. 또 몇 명의 선비가 부채를 들고 있고, 여자는 전혀 보이지 않지요? 단오(端午)이기에 그렇습니다. 조선 시대에는 음력 5월 5일을 단오라 하여 큰 명절로 삼아 쉬었으며, 이날 남자는 씨름을 즐기는 반면 여자는 냇가로 가서 창포물에 머리를 감거나 그네를 타며 놀았습니다. 이때는 초여름이 시작되기 직전이었기에 부채를 선물하는 풍습도 있었습니다. 부채로 더위를 식히라는 뜻이었지요.

한편, 그림 아래 오른쪽 두 사람 중 왼쪽 사람의 오른손을 보세요. 마치 왼손처럼 그려져 있지요? 이는 분명 잘못된 손 모양이지만 그 이유는 알 수 없습니다. 김홍도가 〈씨름〉 외에 여러 작품에서 손 방향을 잘못 그린 경우가 있는 까닭입니다. 김홍도만 알 수 있는 특이한 표시였는지, 장난삼아 그렇게 했는지, 아니면 모조품에 대한 대비책이었는지 모르지만 하여튼 천재적인 작가가 남긴 수수께끼임은 분명합니다.

이중섭은 왜 황소를 즐겨 그렸을까?

20·21일째

이중섭(1916~1956)은 어린 시절부터 미술에 관심을 가지고 공부한 타고난 화가였습니다. 일본 도쿄 제국 미술 학교에 유학하여 체계적으로 공부했고, 귀국하여 뜻을 펼치려 했으나 1950년 6·25(한국 전쟁)가 일어나

면서 그의 삶이 엉클어졌습니다. 난리 속에서 그는 경제적으로 무척 어렵게 살았지만 자존심을 굽히지 않았습니다.

"당신 예술을 위해서도, 아이들을 위해서도 일본으로 건너갑시다."

집안이 부유한 일본인 아내가 이렇게 권유했으나 이중섭은 단호히 거절하며 아내와 아이들만 일본으로 보냈습니다. 돈 한 푼 없이 자기까지 아내를 따라갈 수 없다는 이유에서였습니다.

가족과의 이별 이후 이중섭은 그리움으로 인해 날마다 괴로워했습니다. 그럴 때마다 그는 미친 듯이 그림을 그렸습니다. 이중섭은 아이들이 자연 속에서 천진난만하게 노는 모습을 상상하며 그렸습니다. 그의 그림에 벌거벗은 채 즐겁게 노는 아이들이 자주 등장하는 이유가 여기에 있습니다.

그렇지만 물자가 귀한 시절이라 그림 그리기가 쉽지 않았습니다. 종이도, 미술 도구도 구하기 어려웠거든요. 이중섭은 부산 피난 시절 부두 노동자로 일하면서 캔버스 대용품을 찾다가 담뱃갑 속의 은박지를 발견했습니다. 담배 한 개비를 꺼내려다 텅 빈 담뱃갑 속의 은박지를 보며 순간 깨달은 것이지요.

"그래, 바로 이 은박지에 그리는 거야."

이중섭은 담뱃갑에서 은박지를 꺼내어 반듯하게 편 다음 그 위에다 송곳(쇠꼬챙이)으로 종이가 뚫어지지 않을 만큼만 누르며 긁었습니다. 그렇게 해서 생긴 굵은 틈새에 먹물(잉크)을 솜이나 헝겊으로 문질러 채워 넣으면 그런대로 한 장의 그림이 되었습니다. 이로써 세계 최초의 은지화(銀紙畵, 은박지 그림)가 탄생했습니다.

"잘 보관해 두었다가 나중에 밑그림으로 써야지."

이중섭은 훗날 여유가 생겼을 때 참고할 생각으로 틈날 때마다 은지화 수백 장을 그렸습니다. 그러나 어느 날 차 속에 둔 채로 내리는 바람에 모두 잃어버렸습니다. 그리고 그 은지화 중 일부가 나중에 우연히 미국인 수집가에게 발견됐습니다. 미국인은 '기발한 시도'라고 감탄했고, 이중섭의 은지화는 미국 뉴욕 현대 미술관에 전해지기에 이르렀습니다.

이중섭은 여러 가지를 그렸지만 그림 소재로 자주 다룬 것은 아이들, 게, 황소입니다. 이 중에서 게는 제주도 피난 시절에 아이를 등에 업고 온종일 바닷가에서 게를 잡아다가 식량으로 삼은 경험을 바탕으로 하고 있습니다. 이중섭은 속으로 게에게 많은 신세를 졌다고 생각해서, 친구와 함께 술을 마시다가 안주로 게가 나오면 다음과 같이 말했다고 합니다.

"그것 참 잘생긴 게로군. 꼭 그려서 내가 먹은 죄를 사과해야지."

그렇지만 일반인에게 가장 잘 알려진 이중섭의 그림은 황소입니다. 현재까지 확인된 황소 그림은 열세 점입니다. 이중섭은 왜 황소에 집착했을까요? 이중섭은 오산 학교의 미술 스승 임용련의 영향으로 강한 민족의식을 지니게 됐으며 고구려 고분 벽화에서 민족적 색채의 본질을 터득했습니다.

"윤곽선이 강인하고 원근감이 평면에서 처리되었네."

이중섭은 몸짓과 손발의 움직임을 뚜렷이 잡을 수 있는 표현력을 집중적으로 훈련했습니다. 그리하여 그 선(線)은 차츰 단순하고 강해지며 이중섭 그림의 밑바탕을 이루었습니다. 이중섭은 그림 소재로 황소에 주목했습니다. 학창 시절부터 온종일 들에 나가 소를 관찰하곤 했습니다. 평양에서 원산으로 이사 가서도 마찬가지였고, 어떤 때는 훔쳐 갈 기회를 노리는 소도둑으로 오해받아 신고당하기도 했습니다.

 이중섭이 초기에 그린 소는 정겨운 모습이었으나 전쟁을 계기로 거칠고 드센 모습으로 변화했습니다. 하지만 강인해 보이는 황소 모습이 오히려 역경에 맞서 싸우는 민족정신의 상징처럼 보여 높은 평가를 받고 있습니다.

박수근이 빨래터를 여러 점 그린 연유

22·23일째

"하느님, 저도 커서 밀레와 같은 화가가 되게 해 주세요."

박수근(1914~1965)은 열두 살 때 밀레의 그림 〈만종〉을 보고 감동받아 위와 같이 기도했습니다. 집안이 가난해서 학교를 다닐 수 없었지만 박수근은 이때부터 독학으로 그림 공부를 꾸준히 했습니다.

열여덟 살 때인 1932년 '조선 미술 전람회'에서 수채화 〈봄이 오다〉가 입선되어 화가로서 인정받았습니다. 이후 박수근은 길가에서 장사하는 사람, 아기를 등에 업은 소녀, 맷돌질하는 여인, 빨래터에서 빨래하는 사람들, 시장의 여인들, 광주리를 이고 가는 아주머니 등등 현실이 힘들지만 힘겨워하지 않고 묵묵히 살아가는 가난한 사람들을 주로 그렸습니다. 박수근이 이런 풍경을 그림 소재로 삼은 이유는 무엇일까요?

"나는 가난한 사람들의 어진 마음을 그려야 한다는 극히 평범한 예술관을 지니고 있다오."

박수근이 아내에게 밝힌 말에서 알 수 있듯, 그는 인간의 착하고 진실한 모습을 알리고자 평범한 사람들의 소박한 일상생활을 즐겨 그린 것입니다.

여러 소재 중에서 박수근은 '빨래터'를 여러 점 그렸습니다. 지금까지 확인된 빨래터 그림은 다섯 점이며, 그중 한 점이 2007년에 45억 원에 거

래될 정도로 높은 인기를 누리고 있습니다. 강원도 양구에 있는 박수근 미술관에 '빨래터'를 재현해 놓을 정도로, 박수근에게 빨래터는 조금 특별한 소재인 것입니다. 왜 그럴까요?

박수근의 그림에 등장하는 인물들은 대개 여자입니다. 박수근은 사회적 약자를 따뜻한 시선으로 바라보았는데 우리 사회에서 남자보다 여자가 차별받으며 더 고생하고 있음을 잘 알고 있었기 때문입니다. 박수근이 생존하던 당시, 집안 여자들은 밥하고 빨래하고 청소하고 온종일 일했습니다.

그중 빨래는 가장 힘든 일 중 하나였습니다. 세탁기가 없었던 시절이어서 여자들은 빨랫감을 광주리에 담아 개울가로 나가서 빨래를 해야 했습니다. 세제도 마땅치 않아서 때를 빼려면 찬물에 오랫동안 손을 담그며 옷을 비벼야 했고요. 다시 집에 돌아와서는 다듬잇돌에 빨래를 올려놓고 한참 동안 방망이로 두들겨 옷을 펴곤 했습니다. 박수근은 어린 시절 이런 모습을 많이 보았기에 빨래터를 그림 소재로 여러 차례 다뤘습니다.

또한 박수근은 빨래터에서 본 여자에게 반해 청혼하기도 했습니다. 박수근은 그 처녀에게 편지를 보냈는데 거기에 다음과 같은 말이 있습니다.

'일전에 당신이 우리 어머니와 빨래하러 같이 갔을 때 어머니 점심을 가져간다는 핑계로 빨래터에 가서 당신을 자세히 보고 아내로 맞아들이려고 마음으로 결정했습니다.'

우여곡절을 겪긴 했지만 박수근은 결국 그녀(김복순)와 결혼하는 데 성공했습니다. 박수근에게 빨래터가 남다른 이유가 하나 더 있는 셈입니다.

한편 박수근의 그림은 척 보면 그 특징을 알 수 있을 만큼 독창적인 표현 기법을 지니고 있습니다. 하나하나 점을 찍은 듯한 점묘법과 바위에 그림을 그려 놓은 듯한 느낌, 바로 그것입니다. 하여 박수근의 그림은 아주 가까이에서 보면 윤곽을 파악하기 힘들고 어느 정도 떨어진 거리에서 봐야 형태를 알 수 있습니다. 박수근은 왜 이렇게 그렸을까요?

"나는 우리나라의 옛 석탑, 석불 같은 데서 말할 수 없는 아름다움을 느끼며 그것을 표현하고자 애쓰고 있습니다."

박수근의 대답에 그 답이 있으니, 그는 우리나라에 흔한 화강암의 질감과 색조를 재현하려고 독특한 점묘법으로 그림을 그린 것입니다. 요컨대 바위에 새긴 그림 같은 느낌을 주려 한 것이지요. 그림 재료로 보면 유화를 사용한 서양화임에도 불구하고 그의 작품이 지극히 한국적으로 보이는 비밀도 여기에 있습니다.

베토벤의 교향곡, 〈영웅〉과 〈합창〉에 담긴 이야기

24·25일째

"그는 정말 위대한 분입니다."

19세기 초 프랑스의 나폴레옹 보나파르트는 유럽 전역에 이름을 크게 떨쳤습니다. 나폴레옹은 군대를 거느리고 불가능하다고 여긴 알프스 산맥을 넘어 오스트리아와 이탈리아를 굴복시키는 한편 안으로는 여러 개혁 조치를 취하며 프랑스의 전성시대를 이끌었습니다.

그 무렵 베토벤(1770~1827)은 오랫동안 앓아 오던 귓병이 악화되어 거의 들을 수 없는 상태에 있었습니다. 그러한 때 베토벤은 당시 오스트리아 빈 주재 프랑스 대사로부터 나폴레옹에 대한 이야기를 듣고 감동하여 작곡을 결심했습니다.

'영웅을 음악으로 표현하여 존경심을 나타내 보자.'

베토벤의 눈에 비친 나폴레옹은 강한 의지로 나쁜 황제를 몰아내고 민중의 권리를 찾아 준 영웅이었거든요. 베토벤은 1802년에 작곡을 시작하여 힘과 의지가 느껴지는 음악을 1804년 봄에 완성하였습니다. 표지 위쪽에는 보나파르트, 아래쪽에는 베토벤이라는 이름을 적었습니다. 그리고 나폴레옹에게 그 곡을 바치려 했습니다. 그런데 그해 7월 나폴레옹이 대중적 인기를 등에 업고 국민 투표를 거쳐 제정(황제가 다스리는 군주 제도)을 도입하고 12월에 황제로 등극했다는 소식이 들려왔습니다.

"그놈도 평범한 인간에 지나지 않는구나, 놈은 머지않아 온갖 인권을 짓밟고 자기 야심을 채우려 할 게 틀림없어."

베토벤은 크게 실망하여 표지 제목을 '에로이카(Eroica, 영웅)'로 고치고 '한 위대한 인물을 생각하기 위해'라는 말을 덧붙였습니다. 처음에는

자유와 민중 권리를 추구하는 나폴레옹을 기리고자 작곡했지만, 나폴레옹이 변심하여 독재자가 됐기에 불특정 영웅으로 바꾼 것입니다.

베토벤 교향곡 제3번 〈에로이카〉는 1805년 빈에서 처음으로 연주되었습니다. 모두 4악장으로 이루어져 있는데 제2악장은 위엄 있고 엄숙한 장송 행진곡입니다. 작품 자체에서 나폴레옹의 생애를 다룬 것이 아니지만, 1821년 나폴레옹이 유배되어 죽었을 때 베토벤은 이렇게 말했다고 합니다.

"나는 이런 날이 올 줄 알고 미리 결말에 적절한 음악을 써 두었습니다."

장송 행진곡은 오늘날 유명인의 장례식장에서 자주 연주되고 있으며, 〈영웅 교향곡〉 작품 전체도 공연장에서 종종 연주되고 있습니다. 〈영웅 교향곡〉이 강한 개성과 풍부한 감정을 지닌 명곡이기 때문입니다. 베토벤이 〈영웅 교향곡〉에 얼마나 자부심을 가졌는지는, '생애 최고로 생각하는 교향곡이 무엇이냐?'는 질문에 다음과 같이 대답한 데서 알 수 있습니다.

"에로이카!"

베토벤은 일생 동안 아홉 곡의 교향곡을 만들었습니다. 하나같이 명곡이며 그중 〈제9번 교향곡〉 악보 원본은 2002년 세계 문화유산으로 지정되어 새삼 주목받았습니다. 음악 악보로는 최초의 영예를 차지한 까닭입니다.

1824년 5월, 베토벤이 직접 지휘하여 처음 선보인 〈제9번 교향곡〉은 제4악장을 사람 목소리로 노래 부르도록 해서 청중들에게 신선한 충격과 감동을 주었습니다. 이전까지는 교향곡을 전부 악기로만 연주했거든요.

"성악을 기악과 같은 비중으로 두었네!"

청중들은 제4악장에서 합창과 독창을 들으며 가슴에 큰 울림을 느꼈습니다. 노래 가사는 독일 시인 프리드리히 실러의 〈환희의 송가〉에서 따왔습니다. 하여 제4악장을 '환희의 송가'라 하고 작품 전체는 '합창 교향곡'이라고도 합니다. 〈환희의 송가〉는 인류의 단결과 우애를 찬양하는 내용을 담고 있으며, 그러하기에 유럽 연합의 공식 상징 노래로 사용되고 있습니다.

한편 베토벤은 제4악장 지휘를 마친 뒤 열광한 청중들의 엄청난 박수를 듣지 못했습니다. 귀가 멀었기 때문이며, 하여 연주자가 베토벤에게 몸짓으로 그 사실을 알려 청중에게 인사하도록 했다고 합니다.

모차르트의 〈마술피리〉

26·27일째

볼프강 아마데우스 모차르트(1756~1791)는 세 살 때부터 음악에 재능을 보이더니 네 살 때 작곡을 시작했고 다섯 살 때에는 음악에 관한 대부분을 이해했습니다. 바이올린과 하프시코드(피아노의 원조 건반 악기)도 혼자서 익혔습니다. 모차르트는 밤늦게까지 촛불을 켜고 연습했습니다. 그의 뛰어난 음악 실력이 알려지자 여기저기서 초청 연주를 부탁해 왔습니다.

"꼬마가 그렇게 연주를 잘한다는데 듣고 싶습니다."

모차르트는 여섯 살 때부터 유럽 전역으로 연주 여행을 다닐 정도로 명성이 높아졌습니다. 연주가 끝난 뒤에는 감탄한 귀부인이나 소녀들로부터 키스를 받기 일쑤였습니다. 하여 그에게는 '키스를 가장 많이 받는 소년'이라는 별명도 생겼습니다.

이 과정에서 훗날 프랑스 루이 16세의 왕비가 되는 마리 앙투아네트를 만나기도 했습니다. 당시 모차르트는 오스트리아 황제 마리아 테레지아로부터 초청받아 쉰브룬 궁전에 있는 거울의 방에서 연주회를 가졌습니다. 황제는 모차르트의 연주를 듣고 탄복하여 이렇게 말했습니다.

"참 아름다운 음악이구나. 소원이 있으면 말해 보아라."

그러자 모차르트는 마리 공주와 결혼하는 것이라고 대답했습니다. 이에 황제는 빙긋이 웃으면서 더 큰 후에 보자고 대답했다고 합니다. 당시 마리 공주는 일곱 살로, 모차르트보다 한 살 많았으며 매우 예쁜 외모를 지녔었습니다.

모차르트는 음악에 관한 한 천재였습니다. 웬만한 음악은 한 번 들으면 그대로 기억하여 악보로 옮길 줄 알았으며, 교향곡·협주곡·피아노곡 등

기악곡을 빠른 속도로 배우고 익혔습니다. 모차르트가 35세라는 젊은 나이에 사망했음에도 오페라 27곡과 교향곡 67곡을 비롯하여 행진곡, 피아노 협주곡, 바이올린 협주곡 등 여러 장르에 걸쳐 600여 곡을 작곡할 수 있었던 비결도 여기에 있습니다.

모차르트의 수많은 명곡 중 오페라 〈마술피리〉와 〈피가로의 결혼〉은 대중적으로도 널리 알려져 있습니다. 특히 〈마술피리〉는 모차르트가 죽기 두 달 전에 완성한 오페라로 유명합니다.

"신비스러운 이야기를 음악으로 만들어 주십시오."

1791년, 가난에 시달리던 모차르트에게 한 극작가가 찾아와 대본을 주면서 작곡을 부탁했습니다. 극작가와 모차르트는 같은 프리메이슨 단원이었습니다. 프리메이슨은 1717년 영국 런던에서 결성되어 인류애를 기본으로 한 동포주의와 자유주의 그리고 합리주의를 추구하는 비밀 단체였습니다. 당시에는 신에 대한 무조건적인 복종을 강조하는 기독교가 유럽을 지배했기에 프리메이슨 단원들은 몰래 활동해야 했습니다.

모차르트는 극작가가 가져온 대본을 읽어 보았습니다. 거기에는 기독교에서 금지하는 이국적인 신화와 의식이 들어 있었습니다. 고대 이집트의 이야기를 다룬 것이었으니까요. 내용 자체는 프랑스 작가 장 테라송의 소설 〈세토스〉를 바탕으로 하고 있지만, 프리메이슨 단원들이 몰래 행하는 비밀 의식을 오페라로 표현하는 것은 용기가 필요한 모험이었습니다. 기독교에서는 이집트의 우상 숭배 종교 의식을 금지하고 있었거든요.

"프리메이슨은 사실 알 사람은 다 아니 더 이상 감출 필요 없어."

그렇지만 모차르트는 과감히 〈마술피리〉를 작곡했습니다. 내용은 빛의 세계를 다스리는 자라스트로와 어둠의 세계를 지배하는 밤의 여왕이 대결하다가 빛의 세계가 승리한다는 것입니다. 여기에 등장하는 마술 피리는 맹수도 잠재울 수 있는 신비로운 악기이며, 이 작품에서 밤의 여왕이 부르는 아리아는 매우 유명합니다.

〈마술피리〉는 1791년 9월 30일 처음 공연되어 큰 반응을 얻었고 이후 같은 극장에서 100회 연속 공연이라는 놀라운 기록을 세웠습니다. 그러나 모차르트는 그 성공의 영광을 누리지 못하고 그해 12월 갑자기 병에 걸려 세상을 떠났습니다.

2 대륙별로 살펴본 미술 이야기

· 아프리카를 대표하는 원색 그림 팅가팅가
· 아프리카의 특이한 나무 조각, 자이르와 우자마
· 영혼이 담긴 아프리카 돌 미술, 쇼나 조각
· 영원을 추구한 이집트 미술
· 멕시코 전통문화를 벽화로 그린 디에고 리베라
· 콜롬비아의 보테로, 사랑스러운 뚱뚱함을 그리다
· 서양 미인화에 어찌하여 누드가 많을까?
· 동양 미인도의 특징과 서양 미인화와의 차이점
· 유럽 성당 창문에 스테인드글라스 장식이 많은 까닭
· 〈디오게네스가 있는 풍경〉과 서양 풍경화
· 동양 산수화가 서양 풍경화와 다른 점
· 네덜란드에서 정물화를 '식탁 그림'이라 부른 이유
· 한국화에 빈 공간이 많은 이유
· 궁궐과 사찰에만 단청을 한 연유
· 우리나라 전통 초상화 얼굴 피부색은 왜 생생할까?

아프리카를 대표하는 원색 그림 팅가팅가

28·29일째

"그림은 참 재미있어."

아프리카 탄자니아에서 태어난 에드워드 사이디 팅가팅가(Edward saidi Tingatinga, 1932~1972)는 어려서부터 그림 그리기를 좋아해 화가가 되고자 했습니다. 하지만 가난한 집안 형편으로 인해 전문적으로 그림을 배우지 못했습니다.

"도시로 나가면 기회가 생길 거야."

팅가팅가는 23세 때 탄자니아에서 가장 큰 도시인 다르에스살람으로 가서 화가의 꿈을 펴고자 했습니다. 그는 먹고살기 위해 과일 채소 장사를 하면서 틈틈이 페인트로 천이나 나무판자 혹은 건물 벽에 그림을 그렸습니다. 비싼 물감을 살 수 없기에 값싼 페인트로 그렸지만 그의 그림은 독특해서 사람들 시선을 끌었습니다.

"아주 멋지네!"

팅가팅가는 1968년 건축 공사장에서 일할 때 건축 자재 벽판에 아프리카 풍물을 본격적으로 그렸습니다. 아프리카에 사는 동물과 자연 풍경을 화려한 색채로 묘사하자 사람들이 더 큰 관심을 보였습니다.

"이 그림 얼마입니까?"

탄자니아에 여행 온 관광객들이 우연히 팅가팅가의 그림에 반해 사 가지고 돌아갔습니다. 그의 그림을 찾는 사람이 많아지자, 팅가팅가는 친지 및 지인들을 모아 창작 집단을 구성했습니다. 그들에게 자기 방식의 그림 그리는 법을 알려 주어 대량 생산 하기 위함이었지요.

"동물의 배를 그릴 때는 흰색을 칠하면 좋아."

"왜요?"

"배를 하얗게 칠할 경우 입체감이 나거든."

팅가팅가는 독자적으로 터득한 기술을 제자들에게 알려 주었습니다. 덕분에 제자들은 팅가팅가 작품과 비슷한 그림들을 손쉽게 그렸습니다. 또한 팅가팅가는 에나멜페인트로 그림을 그렸기에 작품에서 광택이 났습니다.

"아주 특이하면서도 강렬한 그림이군요."

1972년에는 탄자니아에 살고 있던 유럽 미술가의 도움으로 탄자니아 국립 박물관에서 팅가팅가 그림 전시회가 열렸습니다. 그리고 그해에 영국 런던 코먼웰스 갤러리에서 팅가팅가 전시회가 열렸고 화제 속에 많은 작품이 팔렸습니다. 거리에서 낙서처럼 그림 그렸던 팅가팅가의 작품이 유럽에서도 인정받기 시작한 것입니다.

안타깝게도 팅가팅가는 화려하게 살 만한 시점에 비극적으로 죽었습니다. 거리에서 강도로 몰려 총에 맞았거든요. 그렇지만 팅가팅가는 아프리카 미술사에 큰 발자국을 남기고 갔습니다. 옛날부터 전해져 온 아프리카

특유의 원색 그림을 대중적인 미술로 이끌어 냈으니까요. 팅가팅가가 죽은 후에는 창작 집단이 그의 작품을 그대로 베끼거나 약간 바꾸어 그리면서 팅가팅가 화풍을 이어 나가고 있습니다. 하여 팅가팅가라는 이름은 좁게는 탄자니아의 미술, 넓게는 아프리카의 대표적 회화로 여기고 있습니다.

아프리카에는 많은 나라와 부족이 있으나 팅가팅가의 그림이 특히 주목받은 이유는 무엇일까요? 그것은 간결한 형태의 선사 시대 고대 암각화를 현대적으로 발전시켜 강렬한 원색 그림으로 재탄생시킨 데 있습니다. 또한 민화 같은 분위기로 아프리카 풍경을 묘사하여 친근한 느낌을 주었습니다. 이렇듯 단순하면서도 강렬한 아프리카 미술의 특징을 잘 살렸기에 팅가팅가는 오늘날 아프리카의 대표적 그림으로 평가받고 있습니다. 아프리카의 자연과 사람들을 순수한 자연미로 나타낸 그림, 그것이 팅가팅가입니다.

30·31일째

아프리카의 특이한 나무 조각, 자이르와 우자마

"외계인을 어떻게 표현할까?"

미국의 영화감독 스티븐 스필버그는 외계인 영화를 구상하면서 고개를 갸우뚱거렸습니다. 외계인 이야기는 많지만 그 모습에 대해서는 이러쿵저러쿵 말이 많았기 때문이지요. 스필버그는 외계인 형체에 대한 아이디어를 얻고자 아프리카로 여행을 갔습니다. 원시 부족 사회를 돌아다니다 보면 뭔가 특이한 형상을 발견할 수 있으리라는 기대를 안고서 말입니다.

"그래. 바로 저거야!"

스필버그는 아프리카 대륙 중부 자이르에서 난쟁이 같은 인형 조각상을 보고 무릎을 탁 쳤습니다. 목은 길고 배는 불룩 나왔으며 다리는 짧은 그 모습이 신비하면서도 귀엽게 느껴졌기 때문입니다. 미국으로 돌아온 스필버그는 자이르 조각상을 본보기로 하여 영화〈E.T.〉속의 외계인을 만들었습니다. 'E.T.'는 지구 밖의 생명체라는 뜻이며, 영화 속에서 왕방울처럼 큰 눈과 긴 목 그리고 짧은 다리로 사람들에게 깊은 인상을 주었습니다.

위 일화에서 짐작할 수 있듯, 아프리카에는 다양한 예술이 존재하고

부족마다 조금씩 다른 문화를 갖고 있습니다. 한 예를 들면 자이르(지금의 콩고 민주 공화국)는 아프리카 중부 내륙에 있는 나라이며 그곳에서 살아온 사람들은 대대로 난쟁이 같은 특이한 조각상을 만들어 왔습니다. 왜 그랬을까요?

그 이유는 대략 두 가지입니다. 아프리카에 사는 키 작은 종족과 외계 전설이 그것입니다. 고대 그리스 인은 아프리카에 키 작은 종족이 살고 있음을 알았고 그들을 '난쟁이'라는 뜻으로 '피그미(Pygmy)'라고 불렀습니다. 실제로 아프리카에는 4000년 전부터 키 작은 종족이 살았으며 자신들을 '음부티(Mbuti)'라고 불렀습니다. 음부티는 성인이 되어도 평균 키 140센티미터가 채 되지 않았고 이웃 흑인들보다 피부색이 밝았습니다. 음부티는 평화로운 성격을 지녔으며 몸을 숨기는 능력이 뛰어났고 사냥을 잘했습니다. 음부티는 토성을 가리켜 '아홉 개의 달을 가진 별'이라고 불러 왔는데, 망원경이나 천문학적 지식 없이 1900년까지 현대 과학자들이 천체 망원경으로 발견한 토성의 위성 개수를 정확히 파악한 것은 무척 놀라운 일입니다. 자이르 지역의 음부티는 오늘날에도 자신들만의 문화를 지키며 살고 있습니다. 요컨대 자이르 조각상은 자신들의 선조로 추정되는 신성한 인물을 만든 것이며, 오랜 옛날 외계와의 교류나 외계인 조상을 상징하는 것입니다.

"결함 지닌 사람을 조롱하지 마라. 신은 너를 계속해서 창조 중에 계신다."

흥미롭게도 자이르에는 위와 같은 속담이 전해 오고 있는데, 어쩌면 여타 부족과 다른 자신들의 외모를 부끄럽게 생각하지 않도록 한 가르침일

지도 모릅니다.

자이르 조각상이 난쟁이 문화의 상징물이라면 우자마(Ujamaa)는 탄자니아의 독특한 조각 예술입니다. 우자마는 스와힐리 어(아프리카 동부에서 쓰는 말)로 '가족애, 동포애'라는 뜻입니다. 옛날부터 탄자니아에는 흑단(黑檀)이 많았으며, 이 지역에서 살아온 마콘데(Makonde)는 흑단으로 여러 수공예품을 만들어 왔습니다. 흑단은 나무 속이 검은 빛깔이며, 물에 가라앉을 정도로 재질이 단단해서 가구용으로도 많이 쓰였습니다.

"사람과 사람은 정으로 이어져 있지."

마콘데 부족은 한 덩어리의 나무를 사용해서 인간이 서로 얽혀 있는 모습을 조각했습니다. 대가족이 무리 지어 사는 따뜻한 인간관계와 지속적인 번영을 상징적으로 그렇게 나타낸 것입니다. 나무 모양에 따라 사람들 모습이 달라지지만 하나같이 끈끈하게 이어져 있는 형상으로 표현됐습니다. 이런 조각은 마콘데 부족이 시작했다고 해서 '마콘데'라고도 하고, '우자마'라고도 말합니다.

'생명의 강렬한 힘이 느껴지는구나!'

스페인이 낳은 유명한 화가 파블로 피카소는 아프리카에서 마콘데 조각을 보고 큰 충격과 영감을 받았으며 이후 추상적이며 입체적인 예술을 추구했습니다. 기본적으로 아프리카의 조각은 독창적이며 자유롭다는 특징이 있습니다. 특히 마콘데 조각은 동부 아프리카 미술을 대표하며 오늘날 세계적으로 주목받고 있습니다.

32·33일째

영혼이 담긴
아프리카 돌 미술, 쇼나 조각

"위대한 짐바브웨!"

'돌 주거지, 돌로 만든 큰 집'이란 뜻의 짐바브웨(Zimbabwe)는 아프리카 동남쪽에 있는 나라로서, '위대한'이란 수식어를 붙여서 부르기도 합니다. 서기 10세기 이후 쇼나(Shona) 부족이 건설한 석조 건축물 문화 유적을 자랑스럽게 생각하기 때문입니다. 11~18세기에 쇼나 족이 차곡차곡 쌓아 올린 돌 건축물들은 접착제를 쓰지 않았음에도 지금까지 무너지지 않고 제자리에 그대로 있을 정도로 뛰어난 기술을 담고 있습니다.

"쇼나 족은 돌을 참 잘 다루네."

쇼나 족은 건축물 외에도 돌조각을 잘 만들었습니다. 쇼나 조각가들은 돌 하나를 가지고 그 형태에 맞게 아름다움을 끄집어내곤 했습니다. 돌에 색을 칠하거나 다른 돌을 덧붙이는 일 따위는 하지 않았습니다. 오로지 망치와 정 등 전통적인 도구만을 사용해서 돌이 가지고 있는 본래의 질감과 색감을 표현했습니다.

"뭐 하세요?"

"돌을 보고 있지요. 돌에도 영혼이 존재하거든요."

쇼나 조각가는 돌을 조각하기 전에 돌을 충분히 살펴봅니다. 우리가 생각하기에는 생명이 없어 보이지만, 쇼나 조각가 눈에는 돌에 어떤 생명이 담겨 있는 까닭입니다. 그 돌에 들어 있는 생명의 실체가 느껴져야 비로소 조각을 합니다. 그래서 돌에 담긴 영혼을 느끼지 못할 때에는 돌 하나를 조각하는 데 몇 년이 걸리기도 합니다.

쇼나 조각의 특징은 되도록 돌을 깎아 내지 않는다는 데 있습니다. 돌을 최소한만 다듬어야 원재료의 특성을 제대로 살려 낼 수 있다고 믿기 때문입니다. 다시 말해 쇼나 조각가는 밑그림을 그리거나 어떤 모습을 표현하고자 돌을 조각하는 게 아니라 돌의 생김새를 본 후에 그에 맞게끔 조각을 합니다.

'음, 이제 알겠어!'

그러하기에 쇼나 조각가가 돌에 정을 들이댔다고 하면 일은 절반 정도 진행된 것이나 다름없습니다. 조각가는 조심스레 돌을 쪼아 가며 돌에 숨결을 불어넣습니다. 그렇게 해서 완성된 돌조각은 누가 봐도 감탄이 나올 만큼 아름답습니다.

"우리 부족의 정신세계를 나타내야 해."

쇼나 조각가들은 현지에서 생산되는 돌을 사용해서 자신들의 문화적 특징이나 부족 정서를 돌조각에 적극 반영합니다. 이때 특정한 사건보다는 신과의 관계, 이웃과의 관계, 자연과의 관계 등등 '관계'를 나타내는 형상을 즐겨 조각합니다. 예컨대 약병과 지팡이를 들고 있는 노인은 누군가를 치료해 주는 의사 같은 관계입니다.

그런데 쇼나 조각은 톰 블룸필드라는 사업가에 의해 세상에 널리 알려졌습니다. 그는 본래 담배를 재배하던 농장 주인이었는데 1950년대에 수출 길이 막히자, 일꾼들을 모두 조각가로 만들었습니다. 자기 농장에 엄청난 사문암 광맥이 있음을 알고, 쇼나 조각을 만들게 한 것이지요. 이렇게 해서 생긴 조각 공동체 텡게넨게(Tengenenge) 마을은 금방 쇼나 조각의 본거지처럼 됐고, 쇼나 조각물들은 점차 인기를 끌며 세계에 알려지기 시작했습니다.

"돌의 영혼이 깃든 조각!"

1970년대 들어 미국 뉴욕 현대 미술관과 프랑스 파리 로댕 미술관 등을 통해 쇼나 조각은 아프리카의 대표적 돌조각 예술로 인정받았습니다. 유명한 영국 왕실 가족이나 미국 영화배우들이 쇼나 조각을 사면서 더 널리 알려졌습니다.

쇼나 조각은 겉멋을 부리거나 화려함을 자랑하지 않습니다. 그 대신에 단순한 듯싶지만 감성을 자극하는 그리운 추억이나 무언가를 바라는 사람 마음을 느끼게 해 줍니다. 차가운 돌임에도 따뜻한 정서를 지닌 예술, 바로 쇼나 조각입니다.

영원을 추구한 이집트 미술

34일째

이집트 그림은
보이는 대로 ✗
느끼는 대로 ⭕

"자세들이 비슷하네."

고대 이집트 시대에 그려진 그림들을 보면 사람이나 동물 모습이 일정한 모습으로 그려져 있음을 알 수 있습니다. 무엇일까요? 바로 사람이든 동물이든 식물이든 간에 모두 옆모습이라는 사실입니다. 왜 그랬을까요?

결론부터 말하자면 이집트 미술은 영원히 존재하는 완전한 세상을 표현한 것입니다. 이집트 인은 현재 세계와 저승 세계가 연결되어 있으며, 저승으로 떠난 영혼이 언젠가 돌아와 육신으로 들어가 다시 살아난다고 믿었습니다.

하여 피라미드(파라오의 무덤) 안에 온갖 생활용품을 갖춰 놓았고 그림 속에도 수많은 동물과 식물 그리고 사람을 등장시켜 실제 생활 모습을 재현해 놓았습니다. 이때 사물의 형태를 온전히 나타내고자 옆모습 표현을 기본 법칙으로 정했습니다. 머리나 몸은 옆에서 볼 때 가장 특징적으로 드러나기 때문입니다. 다만 눈은 정면에서 본 모습으로 그렸습니다. 눈동자가 가운데에 있을 때 눈의 형태가 완전하게 느껴지는 까닭입니다. 하여 사람의 눈은 물론 황소나 오리 따위 동물의 눈도 몸 방향과 관계없이 정면 모습으로 표현했습니다.

그런가 하면 음영 효과를 두지 않았습니다. '음영'은 응달과 그림자란 뜻으로, 사물의 어두운 부분을 가리킵니다. 일반적으로 빛이 비춘 부분은 밝지만 빛이 닿지 않는 부분은 어두운데 그걸 표현하지 않은 것입니다. 되도록 사물의 모든 부분을 드러내기 위함이었지요. 여러 형상들을 겹치지 않게 그린 이유도 여기에 있습니다.

요컨대 이집트 그림은 보이는 대로가 아니라 느낀 대로 표현한 것이 특징입니다. 같은 맥락에서 신분 높은 파라오를 천한 계급 사람보다 크게 그렸습니다. 원근법에 맞지 않지만, 이집트 예술가는 명령에 따라 아름다움 대신에 완전함을 위해 그렇게 붓질했습니다.

35·36일째

멕시코 전통문화를 벽화로 그린 디에고 리베라

"아니, 저 사람은 러시아 혁명가잖아!"

1933년, 미국인 사업가 록펠러 2세는 뉴욕의 록펠러 센터 벽화 속에서 레닌의 얼굴을 발견하고 당황했습니다. 미국 자본주의 사회에서 성공한 록펠러 가문으로서는 받아들이기 어려운 공산주의 혁명가였기 때문이지요. 록펠러 2세는 벽화 작업 중이던 디에고 리베라(1886~1957)에게 정중히 부탁했습니다.

"레닌 얼굴을 일반 노동자 얼굴로 바꿔 주십시오."

"그렇게는 못 하겠습니다."

리베라는 단호히 거부했습니다. 록펠러 2세는 대리인을 통해 재차 레닌 얼굴을 고치거나 없애 달라고 요구했습니다. 이번에도 리베라는 망설이지 않고 거절했습니다. 록펠러는 난감했습니다. 벽화로 명성을 떨치던 리베라에게 직접 벽화를 청탁한 사람이 그 누구도 아닌 자기 자신이었기 때문입니다.

"그렇다면 할 수 없군."

록펠러 2세는 벽화가 완성되기를 기다렸고, 거대한 벽화가 웅장한 모습을 드러내자 리베라에게 그림값을 모두 주었습니다. 이로써 벽화의 주인이

된 록펠러 2세는 리베라를 자기 건물에 들어오지 못하도록 조치했습니다. 그러고는 몇 달 뒤에 벽화를 모두 지워 버렸습니다. 록펠러 2세 입장에서 보면 아무리 뛰어난 그림이더라도 자본주의에 반대하는 인물을 그대로 둘

수 없었고, 다른 화가를 시켜 레닌만 고치는 것도 내키지 않았기 때문입니다.

이 사건은 당시 큰 파문을 일으켰고, 리베라는 미국 사회에서 은근히 배척받기 시작했습니다. 미국은 대표적인 자본주의 국가인데, 리베라는 자본주의를 부정하고 공산주의 편을 드는 화가라고 생각한 까닭입니다.

그렇다면 리베라는 어떤 화가이고, 그는 왜 굳이 레닌 얼굴을 고집했을까요?

리베라는 멕시코에서 태어나 유럽으로 건너가 미술을 공부한 화가입니다. 그는 프랑스에서 고갱, 세잔, 마티스 등의 작품 세계를 익히다가 이탈리아로 가서 자신만의 그림 세계를 찾았습니다. 이탈리아의 오래된 성당에서 프레스코 벽화를 보고 깨달음을 얻은 것이지요.

"건물 벽화는 많은 사람에게 역사 문화를 전달할 수 있구나!"

리베라는 르네상스 시대의 벽화를 보며 프레스코 기법과 색채를 연구했습니다. 1921년에 멕시코로 돌아온 리베라는 공공건물에 벽화를 그리기 시작했습니다. 때마침 개혁주의자이자 예술 애호가인 알바로 오브레곤이 1920년 대통령에 선출되었고, 리베라에게 그 작업을 맡겼습니다.

"우리 역사를 알기 쉽게 그리자!"

리베라는 멕시코 국립 대학과 교육부를 비롯한 여러 건물에 프레스코 벽화를 그렸습니다. 이때 멕시코의 민속 미술과 유럽의 프레스코 기법을 복합한 사실주의 양식으로 누구든지 이해할 수 있게끔 평면적이고 단순화한 형태로 멕시코 역사와 서민 생활을 다뤘습니다. 그는 특히 멕시코 원주민에게 애정을 갖고 원주민의 힘겨운 삶들을 그림 속에 담았는데, 대담하고 산뜻한 색깔을 써서 슬픔 속에서도 의지를 느끼게 했습니다.

"저런 고난을 이겨 내고 우리가 지금 여기 서 있는 것이라오."

리베라의 벽화는 보는 이에게 힘을 느끼게 해 주었습니다. 리베라는 멋지거나 아름다운 대상을 그린 게 아니라 대부분 멕시코의 전통과 보통 사람 모습을 그렸기에 '멕시코 민중화가, 멕시코 현대 회화의 아버지'라고 불렸습니다. 리베라는 노동자와 농민을 지지했기에 공산당에 가입했으며 그러하기에 레닌을 높이 평가했습니다.

리베라는 미국에까지 명성을 떨쳤습니다. 1933년 록펠러 벽화 사건으로 미국에서는 인기가 시들해졌지만 멕시코에서는 여전한 명성을 누렸습니다. 요컨대 리베라는 벽화에 멕시코의 전통적인 요소를 많이 넣어 멕시코 역사를 자랑스럽게 전하려 했으며, 그로 인해 대중적으로 인기를 끈 것입니다.

37·38일째

콜롬비아의 보테로, 사랑스러운 뚱뚱함을 그리다

콜롬비아에서 태어난 페르난도 보테로(1932~)는 20대 청년 시절에 이탈리아에 머물면서 프레스코 기법을 공부했습니다. 이때 보테로는 인체의 아름다움을 적극 묘사한 르네상스 시대 화가들의 그림을 보며 풍만한 인체에 관심을 가졌습니다.

"살집 넉넉한 몸매가 여유롭게 느껴지네."

보테로는 형태와 색에 초점을 두고 양감(대상물의 부피나 무게에 대한 느낌)이 크게 느껴지도록 그림을 그려 보았습니다. 그랬더니 그 그림에서 색다르면서도 친숙한 감정이 느껴졌습니다.

"그래, 바로 이거야!"

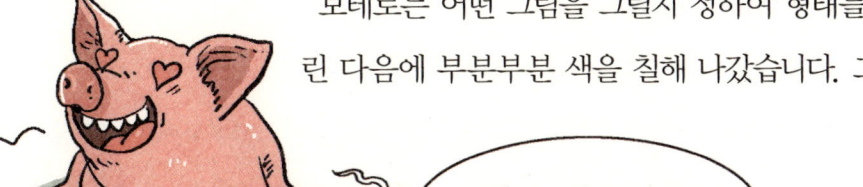

보테로는 어떤 그림을 그릴지 정하여 형태를 그린 다음에 부분부분 색을 칠해 나갔습니다. 그림

형태는 미리 생각해 두었으나 색만큼은 그때그때 떠오르는 직감에 따라 꼬리에 꼬리를 물듯 칠했습니다. 그렇다고 아무 색이나 무질서하게 칠하는 것은 아니고 그 부분에 어울린다고 느낀 색을 즉흥적으로 칠했습니다.

보테로는 24세 나이인 1956년에 〈만돌린이 있는 정물〉을 통해 자신만의 특징인 과장되게 부풀린 형태를 처음으로 선보였습니다. 탁자 위에 놓인 만돌린 악기를 다른 사물보다 지나칠 정도로 뚱뚱하게 그린 것인데, 이때의 심정을 보테로는 훗날 다음과 같이 말했습니다.

"그것은 다른 방으로 가기 위한 작은 문과도 같았다."

이 그림을 계기로 자신만의 독특한 작품 세계를 가지게 됐다는 말입니다. 보테로는 열여섯 살 때 콜롬비아 신문에 삽화를 연재할 정도로 그림에 재능이 많았는데, 여기에 그의 개성을 나타낼 특색을 가지게 된 것입니다.

"아주 매력적인 작품이네요."

1961년에 미국 뉴욕 현대 미술관이 보테로 작품에 관심을 보이면서 그의 〈모나리자, 12세〉를 구입했습니다. 이 그림은 1963년 미술관에 전시되어 사람들 눈길을 끌었습니다. 우연하게도 같은 시기에 뉴욕 메트로폴리탄 박물관에서 레오나르도 다빈치의 〈모나리자〉를 전시하는 바람에 두 작품이 비교되면서 화제를 낳았습니다.

"뚱뚱한 모나리자 봤습니까?"

"그 그림 은근히 웃음이 나오고 사랑스럽던데요."

보테로의 〈모나리자, 12세〉는 다빈치의 〈모나리자〉와 비슷한 복장이나 자세를 취하고 있지만 얼굴과 몸통이 뚱뚱하다는 점에서 차이가 있었습니다. 그림이 장난스럽다고 깎아내리면서 비판한 사람도 있었지만 그보다는 독창적인 그림이라고 높이 평가하는 사람이 더 많았습니다. 이후 보테로의 그림은 1966년 독일 순회 전시회를 통해 세계적으로 알려졌으며, 그는 '뚱뚱한 사람을 그리는 화가'라는 별명을 얻었습니다.

이후 사람들이 그에게 왜 뚱보를 그리느냐고 물을 때마다 보테로는 이렇게 대답했습니다.

"나는 한 번도 뚱보를 그린 적이 없습니다. 색감과 양감을 중시하다 보니 풍만함이 강조됐을 뿐입니다."

보테로는 '남아메리카의 피카소'라고도 불립니다. 그가 피카소에게 영향을 받은 데다가 보테로의 그림이 매우 인상적이면서도 대중적으로 큰 인기를 얻고 있는 까닭입니다. 보테로는 밝은색을 많이 사용하는데, 그런 점은 남아메리카 사람의 낙천적 기질을 반영한 것으로 생각됩니다. 다시 말해 재산이나 명예 따위에 관계없이 웃으며 밝게 살아가는 사람들을, 보테로는 밝은 색감과 넉넉한 몸집으로 표현한 것입니다.

그런가 하면 보테로는 유럽에 지배되지 않는 미술을 강조하면서 남아메리카의 생활 모습을 많이 그렸습니다. 예컨대 2000년에 그린 〈춤추는 사람들〉에서는 남아메리카 특유의 라틴 댄스를 풍자적으로 묘사했고, 2008년에 그린 〈거리〉에서는 독재 정치로 인해 굳은 사람들을 표현했습니다. 하여 보테로는 '웃음이 나오는 소재로 남아메리카의 현실을 고발하는 작가'라는 평가도 받고 있습니다.

서양 미인화에 어찌하여 누드가 많을까?

39·40일째

'세상에서 가장 아름다운 여인은 어떤 모습일까?'

오랜 옛날부터 사람들은 미인을 좋아했습니다. 하여 대부분의 남자가 예쁜 여자에 큰 관심을 나타냈고, 여자들은 예쁘게 보이고자 화장을 했습니다. 그리고 이러한 관심은 아름다움을 대표하는 여신이 있으리라는 상상으로 이어졌습니다. 고대 그리스 인은 그 여신을 '아프로디테'라 불렀고, 고대 로마 인은 '비너스'라고 불렀습니다. 그리고 가장 아름답다고 생각하는 여인 모습을 조각으로 만들어 감상했습니다. 고대 그리스 시대에 아프로디테 조각상이 널리 유행한 이유가 여기에 있습니다.

"풍만한 몸매에 우아한 얼굴이 매력 있네."

서양인들은 얼굴만이 아니라 인체 모두가 뛰어나야 미인으로 평가했습니다. 그래서 여성 특유의 젖가슴이 드러나고 인체 아랫부분은 옷으로 가린 조각상을 많이 만들었습니다. 얼굴의 이목구비는 뚜렷하고, 몸매는 약간 살집이 있어 통통하게 표현했습니다. 건강도 미인이 갖춰야 할 한 가지 조건이었던 것입니다.

중세 시대에는 금욕을 강조하는 기독교의 영향으로 욕망을 감추고 지냈습니다. 그러다 14~16세기 르네상스 때에 본격적으로 미인에 대한 관심을 드러냈습니다. 예술가들은 다투어 미인화를 그리기 시작했습니다.

"비너스를 매혹적인 모습으로 그리자!"

모델은 특정한 실제 미인이 아니라 신화 속의 아프로디테(비너스)를 주로 그렸습니다. 왜냐하면 예술적 자유는 어느 정도 허락됐지만 여전히 기독교가 유럽을 지배했기에 노골적으로 유혹적인 모습은 피해야 했기 때문입니다.

이탈리아 화가 보티첼리가 앞장서서 1485년에 〈비너스의 탄생〉을 그려 사람들 눈길을 끌었습니다. 이 작품은 로마 시대 이후 처음으로 실물 크기에 가깝게 그려진 여성 누드(나체)화였습니다. 이후 여러 화가가 경쟁적으로 비너스를 그렸는데, 대개의 경우 비너스와 아도니스를 소재로 삼았습니다. 왜 그랬을까요?

그리스 신화에 따르면 아도니스는 청년

미남 사냥꾼입니다. 아름다운 아프로디테(비너스)와 잘생긴 아도니스는 서로의 외모에 반해서 사랑합니다. 그런데 아도니스는 아프로디테의 경고를 무시하고, 멧돼지로 변신한 아레스(전쟁의 신)를 사냥하려다가 되레 공격받고 죽습니다. 아프로디테는 아도니스를 기억하고자 그가 흘린 붉은 피를 아네모네꽃으로 피어나게 했습니다.

이런 이야기는 화가들의 감수성을 자극할 만합니다. 더구나 남녀 모두 뛰어난 외모를 지녔으므로 아름다운 그림 소재로 좋습니다. 르네상스 시대 및 이후의 화가들이 비너스와 아도니스를 즐겨 그린 이유입니다. 그림 제목에 '아프로디테'보다 '비너스'가 많은 것은 로마 제국의 영향이 크기 때문이고요.

네덜란드 화가 스프랑헤르(1546~1611)는 1587년과 1597년 두 차례에 걸쳐 〈비너스와 아도니스〉를 그렸습니다. 그 무렵 그는 신성 로마 제국 황제 루돌프 2세의 궁정 화가로 활약했으며, 루돌프 2세는 관능적인 신화 그림을 무척 좋아했습니다.

"그리스 신화의 여신을 아름답게 그려 주오."

루돌프 2세의 이런 주문에 따라 스프랑헤르는 위 그림을 비롯해 〈비너스와 불카누스〉, 〈무지를 이긴 미네르바〉, 〈헤르메스와 아테나〉 등을 그렸습니다. 그의 그림에 등장하는 여신들은 하나같이 여성적 매력이 강조되어 있습니다. 한 예를 들면 아테나와 미네르바는 갑옷을 입었음에도 젖가슴을 드러내고 있습니다. 미인의 기준에서 얼굴과 몸매를 모두 중시한 고대 그리스 인의 관념이 서양 사회에 그대로 전해진 까닭입니다.

"신은 자신을 닮게끔 인간을 만들었다."

고대 그리스 인의 이런 상상 역시 서양 미인화에 그대로 반영되어 대부분의 미인화가 인체 매력을 확실히 느끼게끔 그려졌습니다. 이때 과장된 허풍이 아니라 합리적인 시각에 어긋나지 않게끔 사실적이며 과학적으로 그렸습니다. 이런 연유로 서양 미인 조각상이나 미인화는 얼굴보다 전체적 균형미가 강조되어 있습니다.

동양 미인도의 특징과 서양 미인화와의 차이점

41·42일째

"침어낙안 폐월수화(浸魚落雁 閉月羞花)."

중국에서 미인을 표현할 때 흔히 쓰는 말입니다. 그 뜻은 '물고기는 물 밑으로 가라앉고 기러기는 땅으로 떨어지며, 달은

동양에서는 현실 속의 여인을 보이는 그대로 그렸습니다.

구름 뒤로 숨고 꽃은 부끄러워한다.'인데, 각각의 단어는 중국 4대 미녀를 가리키고 있습니다.

전해 오는 이야기에 따르면, 옛날에 서시(西施)가 개울에서 수건을 씻자 물고기가 놀라 물속으로 가라앉았고, 왕소군(王昭君)이 악기를 연주할 때 기러기가 내려다보다 날개 퍼덕이는 것을 잊고 땅에 떨어졌으며, 초선(貂蟬)이 밤에 달을 보자 달이 구름 뒤로 숨었고, 양 귀비(楊貴妃)가 꽃밭에서 함수화(含羞花)를 만졌을 때 그 꽃이 잎을 말아 올렸다고 합니다. 중국인 특유의, 허풍이 심하지만 나름대로 재치 있는 비유라고 볼 수 있습니다.

그런가 하면 중국에

서양에서는 상상력을 발휘해 이상적인 여인상을 그립니다.

는 '연수환비(燕瘦環肥)'라는 말도 있습니다. '조비연(趙飛燕)은 말랐고 양옥환(楊玉環, 양 귀비 본명)은 뚱뚱하다.'라는 뜻입니다. 다시 말해 한나라 때의 조비연은 날씬한 몸매를 지닌 미녀이고, 당나라 때의 양 귀비는 풍만한 가슴을 가진 미녀라는 의미입니다. 몸매는 대조적이지만 둘 다 뛰어난 미녀이기에 그렇게 표현한 것이고요.

"미녀라고 하면 조비연 정도는 돼야지."

"무슨 말이야, 양 귀비가 최고지!"

이처럼 중국에는 미녀를 표현하는 말이 다양하며, 뛰어난 미녀를 그린 미인도는 한나라 때부터 그려졌습니다. 당시에는 궁궐 여인들을 주로 그렸습니다. 황제가 전국에서 특별히 예쁜 여인을 골라 불러들였거든요.

"저 아름다운 모습을 그림으로 그려 보아라."

황제는 자신이 좋아하는 미인을 화가에게 그리도록 했고, 화가는 정성스레 궁중 복식을 차려입은 모습의 미인도를 그렸습니다. 서양과 달리 동양에서는 미인의 기준에서 몸매보다 얼굴에 더 큰 비중을 두었고, 화려한 옷은 아름다운 얼굴에 어울리는 배경이었기 때문입니다. 궁궐 여인 초상화를 사녀도(仕女圖)라고 했는데, '사녀'는 '궁녀'를 가리키는 말입니다.

이후 중국의 미인도는 예쁜 얼굴과 맵시 있게 차려입은 옷으로 관습화되었습니다. 미인도는 당나라 때 크게 유행했으며, 머리에 꽃을 꽂거나 머리띠를 하는 등 머리를 한껏 멋 낸 모습으로 그려졌습니다. 지금도 중국 전통 미인도는 그렇게 그려집니다.

우리나라의 경우 미인도는 조선 시대 중기 이후에 풍속화의 한 형태로 그려졌습니다. 단원 김홍도와 혜원 신윤복이 아름다운 미인도를 남겼는

데, 우리 역시 얼굴과 옷맵시에 중점을 두었습니다. 서양에서는 주로 인체의 아름다움을 표현한 데 비해, 동양에서는 옷과 머리 장식을 통하여 여성의 아름다움을 나타낸 까닭입니다. 다만 서양은 얼굴과 몸매를, 동양은 얼굴과 옷맵시를 강조했다는 차이만 있을 뿐입니다.

"옷차림을 보니 이 시대에는 소매가 넓었네."

또한 서양에서는 상상력을 발휘해 이상적인 여인상을 그린 데 비해 동양에서는 현실 속의 여인을 보이는 그대로 그렸습니다. 동양 미인도가 풍속화로서 성격을 지닌 이유가 여기에 있습니다. 우리나라의 경우 대개 기생을 모델로 해서 고혹적(매력에 홀려 정신을 못 차리는) 아름다움이 은근히 드러나도록 표현했습니다. 서양 미인화가 몸을 노출시켜 직접적으로 유혹했다면, 동양 미인화는 몸을 옷으로 신비롭게 감싸 궁금증을 유발시킨 것입니다.

'얇은 저고리 입은 가슴 속 온갖 아름다움에 이르나니 내 붓끝으로 능히 그 마음까지 그렸노라.'

신윤복이 19세기 초에 〈미인도〉를 그린 다음, 한쪽에 적은 글 내용입니다. 신윤복 〈미인도〉의 여인은 속이 살짝 비치는 옷을 입고 있습니다. 여인은 작은 손으로 노리개를 만지고 있으며, 붉은색 옷고름을 통해 보는 사람을 유혹하고 있습니다. 머리는 당시 사치스러운 유행인 큰 트레머리를 하고 있으나 맑고 앳된 얼굴은 단아하게 보입니다.

요컨대 서양 미인화는 완벽한 미인을 추구한 반면, 동양 미인화는 현실에 있을 법한 미인을 그린 것입니다.

유럽 성당 창문에 스테인드글라스 장식이 많은 까닭

43·44일째

거룩한 장면을 창문에 그려 넣는 것이라면 내 방엔 치즈버거로 해야겠다.

"와, 성당이 참 아름답네!"

프랑스 파리에 있는 노트르담 대성당(Notre Dame de Paris)은 중세 고딕 양식 성당 중에서도 널리 알려진 성당입니다. '고딕 전성시대'라고 불리는 12~14세기에 성당 건물이 점차적으로 세워져 고딕 건축의 여러 아름다움을 잘 나타내고 있기 때문이지요. 고딕 건축물의 특징은 뾰족한 첨탑과 많은 창문인데 그중에서 화려한 스테인드글라스는 특히 유명합니다. 또한 노트르담 대성당 외에도 아름다운 스테인드글라스 창문으로 유명한 성당이 유럽에는 많이 있습니다. 왜 유럽 성당 창문에는 스테인드글라스가 많이 장식되어 있을까요?

'스테인드글라스(stained glass)'는 그대로 풀이하면 '색이 있는 유리'라는 뜻이고, 건축 용어로는 색유리를 쓰거나 색을 칠하여 무늬나 그림을 나타낸 판유리를 의미합니다. 다시 말해 유리 자체에 색이 있거나 혹은 투명한 유리에 색을 덧칠한 유리를 통틀어 스테인드글라스라고 합니다.

'유리에 어떻게 색을 입히지?'

사람 눈에 비치는 유리는 빈틈없어 보이지만 그 안에는 수많은 빈 공간이 있습니다. 유리 분자들이 줄 서듯 반듯이 배열되어 있지 않고, 길가에 아무렇게나 쌓여진 벽돌 더미처럼 무질서하게 있는 까닭입니다.

'빈틈에 다른 물질이 들어갈 수도 있겠네.'

유리 분자 사이사이의 빈틈에 다른 금속 원자가 들어가면, 유리는 불투명해지거나 색을 띠게 됩니다. 그럴 경우 빛이 유리를 통과하는 방법에 영향을 미치게 됩니다. 금속에 따라 흡수하는 빛의 파동수가 다르므로 유리만의 독특한 색채를 내게 되는 것이지요. 바꿔 말해 유리에 색을 내려면 다른 광물을 섞어야 합니다.

"유리에 섞는 광물에 따라 다양한 색을 만들 수 있겠구나!"

유리를 녹여 구리를 섞으면 붉은 루비색이 나고, 코발트를 섞으면 청색, 쇠를 섞으면 녹색, 안티모니를 섞으면 황색 그리고 망간을 섞으면 보라색이 납니다. 이런 방법으로 색유리를 만드는 기술은 7세기경 중동 지역에서 시작됐으며 유럽에는 11~12세기경에 전해졌습니다.

"햇빛이 색유리를 통과하니 신비로운 느낌이 나네!"

그 무렵 유럽에서는 하늘을 우러러보는 마음으로 성당을 높게 지었습니다. 이때 벽돌을 높이 쌓아 올리면서 많은 창문을 내어 햇빛이 잘 들어오도록 설계했습니다. 당시에는 유리를 크게 만드는 기술이 없었기에 여러 부분으로 나뉜 창문틀을 좁고 길게 벽 사이에 넣었으며 거기에 색색의 유리를 끼워 넣었습니다. 일반적으로 16절지 크기의 유리를 여러 색으로 만들어 원하는 형태로 잘라 냈으며 이것들을 조립하여 유리창을 완성했습니다.

"거룩한 장면을 창문에 그려 넣자."

성직자들은 색유리를 이용해 하느님이나 성모 마리아 또는 성경과 관련된 그림을 창문에 장식하게 했습니다. 불투명한 그림과 달리, 햇빛이 통과하며 비춘 색유리 그림이 아름다울 뿐만 아니라 성스러운 느낌을 주었기 때문입니다. 하여 고딕 시대의 성직자들은 경쟁적으로 성당 창문을 울긋불긋한 여러 색깔의 스테인드글라스로 화려하게 장식했습니다.

"파란색인데도 왜 색깔이 조금씩 다르지?"

오래된 성당 창문의 스테인드글라스를 유심히 보면 같은 계열 색이지만 일정하지 않은 경우가 많습니다. 그 이유는 중세 기술로는 유리 두께를 일정하게 만들지 못한 데 있습니다. 예컨대 청색이라 하더라도 유리 두께에 따라 짙은 청색 혹은 엷은 청색으로 나타났습니다. 유리창의 파란색이 다르게 보이는 것은 그 때문입니다.

그렇지만 그런 빛깔의 차이가 오히려 색조에 미묘한 변화를 낳으면서 그림 분위기를 더 환상적으로 만들었습니다. 덕분에 스테인드글라스 장식은 현대까지 이어지고 있습니다. 한 예를 들면 14세기에 지어진 독일 마인츠의 성 슈테판 성당은 1978년 프랑스 화가 샤갈이 파란빛 스테인드글라스 성화를 장식하면서 세계적으로 유명해졌습니다.

⟨디오게네스가 있는 풍경⟩과 서양 풍경화

45·46일째

　오른쪽의 그림은 17세기 '프랑스 회화의 아버지'로 불리는 화가 니콜라 푸생(1594~1665)이 1647년에 그린 ⟨디오게네스가 있는 풍경⟩입니다. 푸생의 풍경화 중에서 최고 작품으로 꼽히는 그림이지요. 고대 그리스 철학자 디오게네스가 강물을 손으로 떠먹는 옆 사람을 보고 느낀 바 있어 마지막 소유물이었던 동냥 그릇마저 버리기로 결심했다는 이야기를 담고 있고요. 그런데 이 그림이 왜 유명할까요?

　"로마로 가서 옛 그림을 보며 공부하고 싶다."

　푸생은 프랑스에서 태어났으나 생애 대부분을 로마에서 지내며 신화나 위인, 영웅의 위대한 이야기 중 특정한 장면을 인상적으로 그린 화가입니다. 푸생은 인물화를 그릴 때 로마의 실제 자연 풍경을 바탕으로 하되 로마 시대 분위기가 나게끔 약간의 상상력을 발휘했습니다. 그리고 말년에 이르러서는 인물보다 풍경의 비중을 더 크게 하여, 오늘날 서양 풍경화의 본보기라 할 수 있는 그림들을 남겼습니다. 앞서 언급한 ⟨디오게네스가 있는 풍경⟩이 그 대표적 그림입니다.

"저 멀리 건물이 보이고, 노인이 옆 사람을 보고 있네."

현대인의 입장에서 보면 평범해 보일 수 있는 구도이지만, 사실 이런 시도는 푸생의 치밀한 계산을 바탕에 깔고 있습니다. 건축물은 인류 문명을 상징하고, 노인(디오게네스)은 지혜를 상징하며, 넓은 자연은 인간을 품어 주는 어머니 같은 환경이거든요. 다시 말해 푸생은 아름다운 자연과 인류의 지적 능력을 한 폭의 그림에 담은 것입니다. 하여 이 그림은 고전주의

풍경화의 걸작으로 평가되고 있습니다.

"자연이 참 아름답구나!"

자연을 담은 풍경화는 17세기부터 본격적으로 다뤄졌는데 푸생의 영향이 컸습니다. 풍경화 자체는 로마 시대 벽화에서 시작됐다고 볼 수 있으나 그림에서 독립된 주제로 등장한 것은 르네상스 이후인 17세기입니다.

"사람만이 최고인가?"

르네상스 시대 이전까지 서양인들은 인간을 최고라고 여겨 인물을 연구하고 표현하는 데 중점을 두었습니다. 그러다 르네상스를 맞이하여 자연에 눈을 돌렸습니다. 인간 세상도 자연의 일부임을 새삼 깨달았기 때문입니다.

"사람이 가지 않은 자연은 위험해!"

이때 서양인에게 자연은 두 가지로 나뉘어졌습니다. 원시적 자연과 인간 손길이 닿은 자연이 그것입니다. 서양인은 같은 자연이라 해도 사람들이 다닐 수 있는 곳만을 그림 속에 담았습니다. 서양 풍경화에 건축물이나 사람이 등장하는 이유가 여기에 있습니다. 같은 맥락에서 서양 풍경화는 때때로 건축물 안이나 근처에서 사람이 자연을 바라보는 관점으로 그려졌습니다.

19세기에는 화가들이 화실을 벗어나 밖으로 나가서 자연을 그렸습니다. 한 예를 들면 프랑스 화가 클로드 모네는 1872년에 강물 위로 해가 떠오르는 풍경인 〈해돋이 인상〉를 발표해서 사람들에게 신선한 충격을 주었습니다. 물체 본래대로의 색깔이 아니라 빛에 따라 시시각각 변하는 색깔로 그림을 그렸기 때문입니다. 미술 평론가들은 비난했지만, 모네의 그림은 풍경화에 대한 인식을 바꾸는 결정적 사건이 되었습니다.

"변화하는 자연의 순간적인 모습이 인상적이네."

그럼에도 불구하고 일반적으로 서양 풍경화는 문명화된 사람의 시선으로 바라본 자연을 담고 있습니다. 대개는 인간이 소유하고 있는 자연이며, 그래서 있는 그대로의 모습을 화폭에 담습니다. 인간이 우월한 존재임을 은연중 일러 주거나 혹은 가져서 행복한 소유욕을 과시하기 위함입니다.

동양 산수화가 서양 풍경화와 다른 점

47·48일째

자연 경치를 그린 그림을 가리켜 서양에서는 '풍경화(風景畫)'라 하고, 동양에서는 '산수화(山水畫)'라고 합니다. '풍경'은 경치를 뜻하고, '산수'는 산과 물을 의미합니다. 비교적 늦게 경치를 그림 소재로 삼은 서양과 달

리, 동양에서는 일찍부터 산수를 그림 주제로 삼았습니다.

"산과 폭포가 있는 그림을 보니 마음이 편안해지네."

중국의 경우 당나라 때인 7세기경부터 산수화가 유행하기 시작했습니다. 당시 사람들이 아름다운 자연에서 편안히 쉬고픈 생각을 많이 하자, 화가들이 그런 분위기를 반영하여 산수화를 경쟁적으로 그렸습니다.

'그런데 서양 풍경화와 중국 산수화는 뭐가 다르지?'

서양 풍경화가 대부분 인간의 관점에서 사람이 노닐 수 있는 자연을 담았다면, 중국 산수화는 보면서 마음을 안정시키거나 기운을 얻기 위한 자연을 담았습니다. 중국인들은 자연에게도 생명이 있다고 생각했기에 산수화를 통해 그런 정서를 나타냈습니다.

"믿음 직한 산은 뼈대이고, 흐르는 물은 피와 같다네."

이처럼 인체에 비유해서 자연을 바라보았고 그 느낌을 그림으로 표현한 것이 산수화인 것입니다. 산수화에는 음양(陰陽) 철학도 들어 있습니다. 산이 강함과 남성을 상징한다면, 물은 부드러움과 여성을 상징합니다. 또한 산은 움직이지 않는 것을 상징하고, 물은 움직이는 것을 상징합니다. 한 폭의 그림에 자연 평화와 우주 진리가 담겨 있는 그림이 곧 산수화인 것입니다.

산수화는 느긋하게 감상하는 그림입니다. 옛날에는 그런 감상 태도를 '와유(臥遊)'라고 했습니다. 그대로 풀이하면 '누워서 유람하다.'라는 뜻입니다. 몸은 누워 있으나 마음은 여유롭게 노니는 것이 와유이니, 몸은 편히 쉬면서 정신은 자연 속으로 들어가 놀면서 쉬는 것을 의미합니다. 요컨대 자연의 품 안에서 쉬면서 기운을 얻고자 하는 바람이 산수화에 있습니다.

우리나라의 경우 삼국 시대 고분 벽화나 백제 시대 벽돌 등에서 산수 그림을 볼 수 있듯 오래전부터 산수를 그림 소재로 삼았습니다. 그렇지만 본격적인 산수화는 조선 시대에 들어서 유행했습니다. 우리 역시 주로 현실을 떠나 살고픈 곳을 그렸으며, 산수화는 크게 두 가지로 나뉘었습니다.

"이런 곳에서 살면 정말 좋겠네."

"여기가 그 유명한 금강산이구나."

조선 시대 초기에는 상상 속의 아름다운 경치를 다룬 이상산수(理想山水)화를 많이 그렸습니다. 안견(安堅)의 〈몽유도원도〉가 그 대표적인 그림입니다. 안견은 안평 대군으로부터 꿈속에서 무릉도원을 방문한 이야기를 듣고 3일 만에 걸작을 그렸다고 합니다. 일반적으로 이상산수화에는 산이나 강이 크게 그려졌습니다.

"이렇게 아름다운 곳이 있다니!"

비슷한 시기 한반도의 유명한 산을 본 그대로 그린 실경산수(實景山水)화도 유행했습니다. 겸재 정선(1676~1759)이 1751년에 비 그친 뒤의 인왕산을 그린 〈인왕제색도〉가 대표적입니다. 금강산을 그린 금강산도(金剛山圖)도 많이 유행했습니다. 중국 산수화는 이상산수가 대부분이지만, 우리나라는 실제 경치를 그린 실경산수화를 독자적으로 개척했습니다. 실경은 '진짜 경치'라는 뜻에서 '진경(眞景)'이라고도 합니다.

중국 산수화는 신비함을 강조하고자 산을 뾰족하게 그렸습니다만, 우리나라는 나지막한 산 모습 그대로 그렸습니다. 이런 점은 〈인왕제색도〉에서 확인할 수 있습니다. 18~19세기에는 김홍도, 신윤복, 이유신 등등 중인 출신 화가들이 보다 근대적인 산수화를 그렸습니다.

네덜란드에서 정물화를 '식탁 그림'이라 부른 이유

49·50일째

'정물(靜物)'이란 움직이지 않는 물체를 뜻하며, '정물화'는 그런 정물의 형태·색채·질감·구도를 묘사한 그림입니다. 일반적으로 과일·꽃·그릇 따위의 사물을 그린 것이 정물화이며, 사물의 초상화인 셈이라고 할 수 있습니다. 그런데 18세기 초엽 네덜란드에서는 정물화를 '식탁 그림'이라 불렀습니다. 왜 그랬을까요?

"포도송이가 아주 먹음직스럽군."

오랜 옛날에도 정물을 그리기는 했습니다. 기원전 5세기에 활동한 제욱시스는 포도송이를 잘 그려 좋은 평가를 받았고, 고대 로마인은 건물 벽화에 신화나 인물화 혹은 식탁 위에 있는 음식물을 그리곤 했거든요. 하지만 정물은 어디까지나 보조적 위치에 있었을 뿐 주인공은 아니었습니다. 그 당시의 정물은 사람들의 생활 모습을 일러 주는 부차적인 소재였으니까요.

"과일만 그려 보자!"

정물은 르네상스 시대부터 작품의 주요한 소재로 등장했으며, 17세기경에 이르러서는 네덜란드에서 독립된 장르(분야)로 확립됐습니다. 네덜란드의 초기 정물화는 해골·촛불·모래시계·꽃병의 꽃 등을 다뤘는데, 여기에는 각각 나름의 의미가 있었습니다. 해골은 죽음, 촛불과 모래시계는 생명의 한계, 꽃은 계절을 뜻했습니다.

"봄에 피는 꽃과 가을에 열리는 열매를 한자리에 모아 볼까."

어떤 화가는 사계절의 꽃과 열매들을 식탁 위에 올려놓은 그림을 그려 자연의 순환을 상징적으로 나타냈고, 어떤 화가는 선반 위에 놓인 부엌살림 도구를 그려 있는 그대로의 현실을 보여 주었으며, 어떤 화가는 백합과

붓꽃을 그려 성모 마리아의 순결을 상징적으로 나타냈습니다. 또 어떤 화가는 혼인 잔치 장면을 그려 음식에 대한 욕망과 허영심을 일깨우고자 했습니다.

그중에서도 화가들이 가장 관심을 보인 그림 소재는 꽃이나 과일 혹은 음식물이었습니다. 특히 17~18세기 네덜란드에서는 많은 화가가 식탁 위에 있는 정물들을 경쟁적으로 그렸습니다. '정물화'를 뜻하는 영어 '스틸 라이프(still life)'가 네덜란드 어 스틸레벤(stilleven)에서 유래했을 정도입니다. 당시 네덜란드 사람들이 그런 그림에 대해 '움직이지 않는 생명, 정지된 생명'이란 뜻으로 그렇게 불렀거든요. 그렇다면 왜 네덜란드 사람들이 정물화에 큰 관심을 보였을까요?

정물화가 유행한 데에는 몇 가지 시대 배경이 있습니다.

첫째, 종교 개혁에 따른 영향으로 초상화보다는 세속석 회화 주제에 관한 요구가 높아졌고, 중산 계급은 자기 집을 예술 작품으로 장식하려고 했습니다. 이때 정물화는 종교적 사고방식에서 벗어난 자유로운 정신을 상징했습니다.

둘째, 주변 물체를 자세히 관찰하고 사실적으로 재현하고자 하는 관심이 새롭게 일어났습니다. 항상 신이나 인간만을 주인공으로 생각했지만, 뒤늦게 관점을 바꿔 사물의 의미에 대해 새롭게 생각해 보게 된 것입니다.

다시 말해 종교가 아니라 일상적인 사물에 눈길을 돌린 데서 정물화가 탄생했습니다. 네덜란드는 일찍이 무역을 통해 돈을 벌고 세계 여러 나라와 교류하며 진보적 마음가짐을 갖게 됐기에 다른 나라보다 먼저 정물화에 관심을 가지게 된 것이고요. 그림 소재인 정물은 대개 식탁 위에 올려

놓았기에 정물화는 흔히 '식탁 그림'으로 불렸습니다.

네덜란드가 정물화의 길을 트자, 18세기에는 프랑스가 따라 하더니 이내 정물화의 중심지 자리를 차지했습니다. 19세기 인상주의 화가들은 강한 색조를 대비시킨 정물화를 선보여 다시 한 번 정물의 의미를 생각해 보게 만들었습니다.

한국화에 빈 공간이 많은 이유

51·52일째

조선 시대 후기에 활동한 북산 김수철이 그린 그림 중에 〈하경산수도〉가 있습니다. '여름철 산수 경치'라는 뜻이지요. 왼쪽 위에는 산봉우리 두 개가 솟아 있고, 그 아래에는 집 몇 채와 넓은 호수가 있으며, 뱃사공이 노를 젓고 있습니다. 그런데 자세히 보면 하늘과 바다에는 별다른 표시나 색칠이 되어 있지 않습니다. 김수철이 전통적인 산수화에서 흔히 볼 수 있는 것보다 더 과감하게 여백(餘白, 빈 공간)을 두었기 때문입니다. 그렇다면 전통 산수화를 비롯한 동양화에는 왜 여백이 많은 걸까요?

"똑같이 정확하게 그려야 합니다."

오랜 역사를 보건대 서양화는 대개 어떤 사물을 그대로 묘사하는 데 중점을 두어 왔습니다. 국왕의 권위 있는 모습을 있는 그대로 그리거나 어떤 사건을 기록으로 남기기 위해 그림을 그렸던 것입니다. 이때 그림은 빈 틈없이 색으로 채워지기 일쑤였습니다. 상상화도 예외가 아니어서 성인(聖人)의 위대함을 나타낸 그림도 화면이 색으로 가득 채워졌습니다. 풍경화도 마찬가지였고요. 예컨대 하늘을 그릴 경우 청색 또는 노란색으로 바탕

을 칠하고, 해 또는 달과 별을 그리곤 했습니다.

"조용한 곳에서 편히 쉬고 싶다."

이에 비해 동양에서는 사물을 사진처럼 똑같이 그리기보다는 사람들이 바라는 이상적인 세계를 나타내려 애썼습니다. 신선들의 모습을 그리거나 경치가 뛰어난 계곡과 산을 그려 평화로운 세상을 꿈꾸었던 것입니다. 다시 말해 동양인들은 바쁘고 힘든 현실보다는 한적하고 여유로운 낙원을

바랐던 바, 그림에서도 복잡함보다는 단순함을 택했습니다. 그림을 보는 사람에게 편안함을 주고자 여백을 둔 것입니다. 색채보다는 선(線)으로 인물이나 사물을 묘사한 것도 그 때문입니다.

"강물을 어떻게 표현할까?"

현대 화가라면 물결무늬를 넣거나 파란 물감으로 강물을 표현하겠지만 전통 산수화가들은 아무 색칠도 하지 않았습니다. 선으로 강가에 나무 몇 그루를 그리고 조그만 배 한 척을 넣으면 그만이었습니다. 배는 물 위에

뜨는 교통수단이므로, 보는 사람이 배가 있는 곳을 강물이나 호수로 상상하게 만든 것이지요. 하늘 역시 그대로 두어 평화로운 마음으로 바라보게 했습니다.

"이 사람은 어디로 가는 걸까?"

동양화에서 여백은 그림을 보는 사람에게 상상의 세계를 자극하는 공간이기도 했습니다. 나귀 타고 가는 선비를 보며 여행 목적지를 생각해 보게 하고, 오리 두 마리가 날아가는 방향을 보고 더 높은 하늘을 상상해 보게끔 하고, 폭포 옆의 빈 공간을 보고 그 옆에 있음직한 물보라를 연상하게끔 한 것입니다.

이처럼 빈 공간을 통해 여유와 느긋함을 강조하는 게 동양화의 특징입니다. 그렇다고 해서 여백을 텅 빈 공간으로 생각해서는 안 됩니다. 동양화에서의 여백은 기운이 꽉 찬 공간을 의미하기 때문입니다. 동양화가들은 오랜 세월 갈고닦은 마음과 실력을 붓에 담아 선으로 나타냈으며, 선에 힘을 주거나 먹물 농도를 조절해서 그림에 생명력을 불어넣었습니다. 이때 하늘과 물은 보이지 않는 기운이기에 되도록 여백으로 두었습니다. 동양화를 보면서 기운을 얻게 되는 이유가 여기에 있습니다.

한편 동양화라 해도 나라에 따라 조금씩 차이가 있습니다. 중국은 전체에 그림을 꽉 채우는 편이며, 일본은 잘 정돈된 모습에 색칠을 많이 하는 편입니다. 이에 비해 우리나라는 부드러운 선으로 윤곽을 나타내고 여백을 강조하는 편입니다. 이런 연유로 오늘날 동양화는 중국화, 일본화, 한국화 등으로 구분해서 부르고 있습니다.

궁궐과 사찰에만 단청을 한 연유

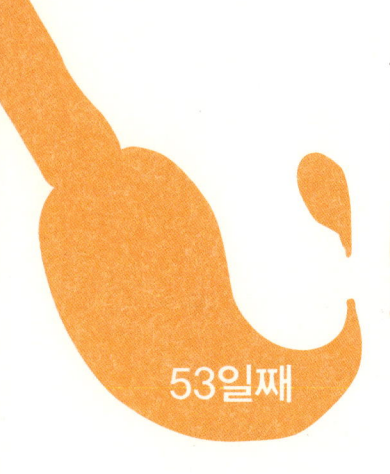

53일째

"색감이 화려하네!"

궁궐이나 사찰에 가면 단청을 볼 수 있습니다. 단청은 울긋불긋한 아름다운 채색을 일컫는 말입니다. 단청은 주로 처마, 대들보 따위 나무 기둥의 건축 미술로 출발했지만 화려하면서도 강렬한 색상으로 인해 사찰 출입문에도 많이 사용됐습니다. 그러나 민간에서는 단청 사용이 엄격히 통제됐습니다. 그렇다면 궁궐과 사찰에만 단청을 한 이유는 무엇일까요?

'단청'은 건물을 지을 때 악한 귀신을 물리치고자 하는 마음에서 비롯된 장식 미술입니다. 일반적으로 빛을 많이 받는 바깥쪽은 붉은색(丹)을 주로 사용했고, 안쪽은 파란색(靑)을 많이 사용했는데, '단청(丹靑)'이란 이름은 여기에서 유래했습니다.

"안료를 칠하면 건물 수명을 늘릴 수 있지."

또한 단청은 벌레를 쫓고 습기를 막아 나무가 썩음을 방지하기도 합니다. 우리나라 전통 건축물 주요 재료인 소나무는 목질이 단단한 반면 해충이나 비바람에 약합니다. 그 단점을 보완하고자 단청을 칠한 것입니다. 그리고 단청은 광택이 없으므로 햇빛이 많든 적든 관계없이 제 빛깔을 내며, 집 구조가 비틀리거나 처져 보이지 않게 하는 역할도 합니다.

단청은 주로 궁궐이나 사찰에 장식되었습니다. 건축물을 더욱 아름답게 꾸며 권위나 신성함을 표현하기 위함이었지요. 같은 목적으로 사찰의 문에도 단청을 장식했습니다. 우리나라에서는 삼국 시대부터 단청이 유행했으며, 주로 화공들이 맡아서 그렸습니다.

단청이라 하면 엄밀히 말해 붉은색과 파란색만 사용되어야 합니다. 하지만 실제로는 빨강·파랑·초록·노랑·검정 따위의 색들이 쓰이며, 우리나라의 경우 특히 초록색이 바탕색으로 많이 사용됩니다. 초록은 마음을 안정시켜 줍니다. 이에 비해 중국의 단청은 다소 어둡고, 일본의 단청은 붉은색과 검은색 그리고 황금색이 대부분입니다.

우리나라 전통 초상화 얼굴 피부색은 왜 생생할까?

54일째

"피부가 살아 있는 사람처럼 생생하네."

우리나라 전통 초상화를 보면 얼굴색이 살아 있는 사람의 피부처럼 보입니다. 서양 초상화에서는 볼 수 없는 한국 초상화의 특징인데, 이는 '배채법(背彩法)'이라는 기법과 한지(韓紙)의 특성 덕분에 가능한 일입니다. 배채법이란 무엇일까요?

배채법이란 문자 그대로 '뒤쪽(背)에서 색칠(彩)하는 기법(法)'을 뜻합니다. 초상화를 그릴 경우 일단 얼굴 윤곽이나 형태는 앞에서 물감을 칠합니다. 그런 후 피부색만큼은 종이 뒤쪽에서 물감을 칠합니다. 그러면 색채가 은은하게 배어 나오는데 이 기법을 배채법이라 합니다. 배채법은 오직 한지에서만 가능하며, 불투명한 서양 종이에서는 불가능합니다.

'한지'는 닥나무 따위의 섬유를 원료로 하여 만든 종이를 가리키는 말입니다. 종이 만드는 기술은 4세기경 중국에서 우리나라로 전해졌는데, 이때 신라인은 닥나무를 이용하여 더 좋은 종이를 만들어 냈습니다. 닥나무 껍질로 만든 한지는 섬유질이 고른 데다 희고 질겨서 중국으로부터 '신라

한지는 천하제일'이라는 평까지 받았습니다.

한지에 빛을 비추면 반대편에서 봐도 그 형태를 대략 짐작할 수 있습니다. 그래서 전통 한옥 방문에 한지를 바를 경우 밖에 있는 사람이 방 안에 사람이 있는지 알 수 있습니다. 같은 원리로 한지 뒤쪽에 색을 칠하면 반대편에 그 색이 은은하게 나타납니다.

'반투명이구나!'

사람의 피부는 혈관이 피부를 거쳐 비치는 바, 반투명이라 할 수 있습니다. 우리 조상들은 그 점(반투명 원리)에 착안하여 피부색을 표현할 때 배채법을 고안해 냈습니다. 고려 시대에 지극한 마음으로 부처 얼굴을 그리면서 살아 있는 듯한 밝은 피부를 표현하고자 배채법을 썼고, 조선 시대 들어서는 초상화에 적극 사용했습니다. 배채법은 얼굴뿐 아니라 깊고 은은한 빛깔을 내는 데에 두루두루 쓰였습니다.

FINLAND
RUSSIA
EST.
LAT.
LITH.
BELARUS
UKRAINE
SLOV.
HUNG.
MOLDOVA
ROMANIA
Ser.
BULGARIA
ALB.
F.Y.R.O.M.
GREECE
Black Sea
Caspian Sea
GEORGIA
ARMENIA
AZERBAIJAN
TURKEY
CYPRUS
Mediterranean Sea
SYRIA
LEB.
ISRAEL
JORDAN
IRAQ
KUWAIT
KAZAKHSTAN
MONGOLIA
UZBEKISTAN
KYRGYZSTAN
TURKMENISTAN
TAJIKISTAN
N. KOREA
CHINA
IRAN
AFGHANISTAN
EGYPT
SAUDI ARABIA
BAHRAIN
QATAR
U.A.E.
OMAN
PAKISTAN
NEPAL
BHUTAN
BANGLADESH
INDIA
BURMA
Taiwan
Hong Kong
Macau
LAOS
CHAD
SUDAN
ERITREA
YEMEN
DJIBOUTI
THAILAND
VIETNAM
CAMBODIA
ETHIOPIA
C.A.R.
SOMALIA
SRI LANKA
BRUNEI
MALAYSIA
MALDIVES
UGANDA
KENYA
RWANDA
ZAIRE
BURUNDI
SINGAPORE
TANZANIA
SEYCHELLES
COMOROS
MALAWI
ZAMBIA
Indian Ocean
MOZAMBIQUE
ZIMBABWE
MADAGASCAR
MAURITIUS
Reunion
BOTSWANA
Tropic of Capricorn
SWAZILAND
LESOTHO
SOUTH AFRICA

3 대륙별로 살펴본 음악 이야기

· 아프리카 사람들은 왜 타악기를 좋아할까?
· 서양에서 천사 악기가 하프로 묘사되는 까닭
· 서양 악단에서 지휘자가 하는 중요한 역할은 뭘까?
· 스코틀랜드 축제의 상징 백파이프 연주 음악
· 이탈리아가 성악으로 유명한 이유
· 이탈리아 남자가 구애할 때 세레나데를 부른 연유
· 시를 읊조리듯 부르는 프랑스 샹송
· 오스트리아의 왈츠, 3박자의 경쾌한 춤곡
· 스페인의 격정적인 무용 음악 플라멩코
· 포르투갈의 파두, 슬픔을 담은 연주와 노래
· 아르헨티나의 탱고, 피로 해소제로 출발하다
· 브라질의 삼바, 정열을 뿜어내는 춤곡
· 인도네시아의 가믈란, 타악기 중심의 기악 합주
· 인도 영화에는 왜 흥겨운 음악이 등장할까?
· 중국의 대표적 악기, 얼후
· 일본의 세 줄 현악기, 샤미센
· 국악 악단에 지휘자가 없는 이유
· 농악대는 왜 돌아다니면서 연주하나?

아프리카 사람들은 왜 타악기를 좋아할까?

55·56일째

"둥둥둥!"

흑인이 북을 치는 모습은 아프리카를 다룬 영화에서 흔히 볼 수 있는 장면입니다. 실제 현실에서 흑인들이 북을 많이 치기에 아프리카를 대표하는 소리로 북소리를 들려주는 것이지요. 아프리카에는 여러 부족이 흩어져 살기에 그들이 연주해 온 악기도 그만큼 다양하지만 가장 널리 사용되는 것은 타악기입니다. 아프리카 사람들은 왜 타악기를 유난히 좋아할까요?

"손으로 쳐 봐요. 그러면 소리가 날 거예요."

타악기는 두드려서 소리 내는 악기로, 인류 초기부터 있었습니다. 막대기로 뭔가를 두드려서 내는 소리는 자연적으로 생기는 소리와 달랐기에 사람들에게 특별한 느낌을 안겨 주었고, 음악에 재능 있는 사람들이 더 좋은 타악기를 만들어 냈으니 바로 북입니다.

'북'은 팽팽히 잡아당긴 울림 막을 진동시켜 소리를 내는 악기입니다. 초기의 북은 통나무 안쪽을 파서 빈 잔처럼 만든 다음에 가죽을 씌우고 그

가죽을 줄로 잡아당겨 팽팽하게 했습니다. 그렇게 만든 북의 가죽 부분을 맨손으로 치면 소리가 났는데, 가운데 가죽 부분에서는 낮고 맑은 소리가 났고 가장자리 가죽 부분에서는 상대적으로 탁한 소리가 났습니다.

"북소리를 들으니 심장이 두근거리네."

묘하게도 북소리는 심장을 흥분시키거나 울림을 주었습니다. 특히 북소리의 장단이나 강단 따위가 규칙적으로 빠르게 울리면 심장도 덩달아 쿵쾅쿵쾅 뛰었습니다. 이런 점에 착안하여 아프리카 사람들은 북을 다양한 용도로 썼습니다.

주술사는 종교적 의식을 치르거나 조상을 기릴 때 북을 치며 영혼과

대화를 나누려 했습니다. 이때의 북소리는 생명의 울림이자 하늘로부터 내려오는 성스러운 소리를 상징했습니다.

"자, 우리 한번 놀아 봅시다!"

부족의 단결을 꾀하거나 축제를 벌일 때는 신명 나게 북을 쳐서 흥을 북돋았습니다. 빠른 박자의 경쾌한 북소리는 열정을 느끼게 해 주었으므로 분위기는 자연스럽게 달아올랐습니다. 그런가 하면 이웃 부족과 전투를 앞두었을 때 북을 치기도 했습니다. 강렬하고 묵직한 북소리가 전사들의 심장을 자극하여 용기를 불어넣어 주었기 때문입니다. 이 밖에도 북은 청춘 남녀들의 만남을 격려하거나 누군가에게 신호를 보낼 때도 사용되었습니다. 요컨대 아프리카 사람들은 북으로 대표되는 타악기를 통해 생활 속의 음악을 알게 모르게 즐긴 것입니다. 유럽이나 아시아에 비해 늦게까지 원시 문화를 간직해 온 아프리카 사람들이 오랜 세월 타악기를 사랑해 온 이유가 여기에 있습니다.

오늘날 아프리카의 타악기 중에서 세계적으로 널리 알려진 것은 젬베(djembe)입니다. '젬베'는 잔 모양처럼 생긴 북으로, 아프리카 서부 니제르 강 근처가 원산지입니다. 통나무 안쪽을 파고 염소 가죽을 씌워 만들며, 손가락과 손바닥으로 두들겨 여러 소리를 냅니다. 사하라 사막 이남의 아프리카 사람들은 젬베 소리에 맞춰 춤을 추곤 합니다.

젬베는 음색이 다양하고 소리가 크며 비교적 가벼워서 이동하기에도 좋습니다. 젬베는 기본적으로 세 가지 소리를 내는데, 연주자는 그것들을 적절히 조화시켜 변화무쌍한 음악을 만듭니다. 심장을 두드리듯 빠른 소리도, 마음을 안정시켜 주는 느긋한 소리도, 일상에서 흔히 듣는 익숙한 소리도 모두 가능합니다.

   누구나 젬베를 쉽게 배울 수 있습니다. 그렇지만 그 연주 방식이 다양하기에 탁월한 아프리카 음악을 연주하려면 어느 정도 시간이 필요합니다. 일반적으로 젬베는 빠르고 경쾌한 음악으로 사람들에게 흥을 안겨 주고자 할 때 많이 연주됩니다. 하여 젬베를 가리켜 '원시 아프리카 리듬이 솟구치는 타악기'라고도 말합니다.

서양에서 천사 악기가 하프로 묘사되는 까닭

57·58일째

130

"들리는 멜로디도 아름답지만 안 들리는 멜로디는 더욱 아름답구나."

19세기에 활동한 영국의 낭만주의 시인 존 키츠가 하프 소리에 대해 극찬한 말입니다. 서양에서는 기원전 430년경 고대 그리스 인이 도자기에 뮤즈(음악의 신)가 하프(harp) 켜고 있는 그림을 그려 넣을 정도로 일찍부터 하프를 대표적인 아름다운 악기로 생각했습니다. 왜 그랬을까요?

"줄을 튕기니 맑은 소리가 나네!"

하프는 사냥할 때 쓰는 활의 줄을 튕긴 데서 유래된 현악기입니다. 우연히 활의 줄을 튕겨 보다가 제법 맑은 소리가 나자, 음악에 재능 있는 사람이 여러 줄이 달린 현악기를 만들고 그로부터 하프가 나온 것이지요.

"손가락으로 줄을 잡아당겼다 놓으니 소리가 약간 다르게 나네."

고대인들은 팽팽한 줄을 잡아당기거나 튕겨서 소리를 냈는데, 이것을 '악궁(樂弓)'이라 합니다. 이 악궁을 개량하여 여러 개의 현(絃, 줄)을 매단 악기가 고대 하프였습니다. 기원전 3000년경의 고대 이집트 벽화에는 여러 종류의 하프가 그려져 있습니다.

그런데 고대 지중해와 중동 문명 지대에서는 하프를 널리 사용했지만 그리스·로마에서는 아주 드물었습니다. 하여 고대 그리스 인들은 보기 힘들지만 맑은 소리 나는 하프를 신비한 악기라고 생각했습니다.

"무릎 위에 하프를 놓고 연주하면 아름다운 소리가 사방에 울려 퍼진다오."

"어떤 소리인데?"

"이 세상에서 듣기 힘든 우아하고 부드러운 소리라오."

요컨대 고대 유럽에서 보기 힘든 악기인 데다 아름다운 화음이 주는 매력 때문에 서양인들은 하프를 천상의 악기로까지 여긴 것입니다. 그러하기에 미켈란젤로를 비롯한 르네상스 시대 화가들은 아기 천사들이 공중에 뜬 상태로 하프를 연주하는 모습을 그렸습니다.

그렇다면 왜 하프를 천사와 연결시켰을까요? 천사를 가리키는 영어 angel(에인절)은 '심부름꾼, 전달자'를 뜻하는 그리스 어 angelos(앙겔로스)에 어원을 두고 있고, 한자어 天使(천사)는 문자 그대로 '하늘의 심부름꾼'이란 의미입니다.

구약 성서에서 천사는 신에 의해 창조된 순결하고 정신적인 존재로서, 하느님의 심부름꾼입니다. 천사는 크게 두 가지 모습으로 표현됐습니다. 하늘의 군대를 이끄는 강력한 우두머리와, 하느님 뜻을 사람에게 전달하는 심부름꾼이 그것입니다. 천사는 혼란의 시대에는 강한 모습으로, 평화로운 시대에는 자애로운 모습으로 나타난다고 여겼습니다.

종교적 억압에서 벗어나 서서히 인간의 자유로운 정신을 표현하던 르네상스 시대에 화가들은 천사를 어리거나 젊은 모습으로 그려 친근함을 나타냈고, 손에 악기를 들려 평화로운 분위기를 강조했습니다. 이로부터 하프는 천상의 악기라는 상징성을 확실히 가지게 됐습니다. 오늘날 애니메이션에서 꿈꾸는 장면에 하프 소리를 배경 음악으로 들려주는 이유도 여기에 있습니다.

한편 하프는 9세기부터 유럽에 본격적으로 전해졌고, 몇 번의 개량을 거쳐 17세기 무렵에 47개 현으로 반음계(열두 개의 반음으로 이루어지는 음계) 음을 낼 수 있는 근대적인 모습으로 재탄생했습니다.

하프의 현들은 각기 하나의 음을 내며, 길이 순서대로 배열됩니다. 그리고 짧은 현일수록 높은 소리를 내고 긴 현일수록 낮은 음을 냅니다. 하프의 각 현은 하나의 소리를 낼 뿐 그 여음(餘音)을 울리고 내리고 떨 수는 없습니다. 쉽게 말해 소리의 여운을 남기지 못합니다.

하프의 매력과 특색은 여러 줄을 긁어서 내는 분산된 화음(和音, 높이가 다른 둘 이상의 음이 함께 울릴 때 어울리는 소리) 즉 아르페지오(arpeggio)에 있습니다. 연주자는 연달아 하프의 줄을 튕기거나 치면서 은은한 소리가 계속 이어지도록 합니다.

서양 악단에서 지휘자가 하는 중요한 역할은 뭘까?

59·60일째

1687년 1월 8일, 음악가 장 바티스트 륄리(1632~1687)는 프랑스 국왕 루이 14세가 질병에서 회복된 것을 기념하고자 테 데움(Te Deum) 연주회를 열었습니다. '테 데움'은 종교적 축일이나 국가적으로 기념할 일이 있을 때 연주되는 음악을 말합니다. 륄리는 자신을 무척이나 아껴 주는 루이 14세를 위해 그 어느 때보다도 연주 음악에 신경을 썼습니다.

"자, 내가 이렇게 막대기로 바닥을 치면 소리를 크게 내시오."

륄리는 악기 연주자들에게 위와 같이 말한 다음에 연주를 시작했습니다. 륄리는 1.8미터 크기의 무겁고 긴 막대(지팡이)를 중간중간 바닥에 찍어 박자를 맞추며 지휘했습니다. 그런데 너무 열정적으로 지휘에 몰두한 나머지 뾰족한 막대기 끝으로 자기 발가락을 찍고 말았습니다.

"윽!"

순간 참기 힘든 고통이 몰려왔으나 륄리는 인내심을 발휘하여 끝까지 무사히 연주를 마쳤습니다. 루이 14세는 만족하여 큰 박수를 보냈습니다. 륄리는 임무를 무사히 마쳤기에 안도의 한숨을 내쉬었습니다.

그러나 발가락에 난 상처가 신체 조직이 썩는 병으로 악화되었습니다. 의사는 발가락을 잘라 내야 한다고 말했지만 륄리는 수술을 거부했습니다. 그 바람에 병이 온몸으로 퍼지면서 결국 륄리는 그해 3월 22일 세상을 떠났습니다.

륄리는 음악 역사에서 여러 업적을 남긴 인물인데, 그중 하나는 지휘봉을 최초로 사용했다는 점입니다. 여러 사람이 한꺼번에 연주할 때 박자를 놓치는 연주자가 종종 있었기에 무거운 막대로 바닥을 쳐 소리 내서 신호를 보낸 것입니다.

오늘날 서양 악단에서 지휘자의 존재 가치는 매우 큽니다. 왜 그럴까요?

음악에서 '지휘'란 여러 종류의 합주(두 개 이상의 악기로 동시에 연주하는 일)를 전체적으로 통솔하는 일을 가리킵니다. 지휘자는 연주자들이 모두 같은 리듬을 따라갈 수 있도록 박자를 정확하게 짚어 주는 일을 가장 기본으로 합니다. 박자를 정확히 짚어 주기 위해서는 팔과 손을 움직여 알려 주어야 하며, 어느 경우든지 강한 박자는 손을 내리치는 것으로 나타냅니다. 그러므로 지휘자가 두 손을 휘젓는 것은 단순히 멋을 부리기 위해서가 아닙니다. 왼손은 연주의 느낌을 표현하고 오른손은 복잡하게 변하는 박자를 조정하는 데 사용하는 것입니다.

"내 손의 움직임을 잘 보세요!"

19세기 이전에는 대개 오르간 연주자가 지휘를 겸했으며, 간혹 긴 막대를 사용했습니다. 륄리는 긴 지팡이를 지휘할 때 적극 사용했습니다. 그러다가 19세기부터 독립된 지휘자가 나타났고, 음악가들은 지휘자로 먼저 유명해진 뒤 작곡가로 대접받았습니다. 아름다운 곡을 많이 남긴 멘델스존이나 카를 베버도 지휘자로 먼저 유명해진 사람입니다.

한편, 낭만파 오페라의 창시자 카를 베버는 1813년부터 프라하 극장의 오페라단 지휘자로 임명됐는데, 이때 그는 짧은 지휘봉을 최초로 사용했습니다. 다시 말해 베버는 현재와 비슷한 지휘봉을 처음 쓴 지휘자입니다. 또한 베버는 최초의 직업적인 상임 지휘자라는 명예를 차지했습니다. '상임'은 일정한 일을 늘 계속하여 맡음을 뜻하는 말입니다.

오늘날 서양 관현악단의 지휘자는 지휘 외에 악단 관리, 연주 여행, 계약 교섭, 녹음 등 여러 일을 합니다.

스코틀랜드 축제의 상징 백파이프 연주 음악

61일째

영국 북부 지역인 스코틀랜드에서는 해마다 7월 중순부터 4주 동안 에든버러 축제가 열립니다. 이때가 되면 악사들이 팀을 이뤄 거리를 행진하며 백파이프를 연주하는데 그 모습이 참 멋집니다. 비단 에든버러뿐만 아니라 스코틀랜드 곳곳에서 백파이프를 볼 수 있으며, 만약 그 연주를 듣지 못했다면 스코틀랜드의 문화를 제대로 맛보지 못한 거라 해도 지나친 말이 아닐 정도입니다.

그런데 백파이프는 무엇이고, 왜 스코틀랜드의 상징으로 여길까요?

'백파이프(bagpipe)'를 풀이하면 가방(bag) 파이프(pipe)입니다. 가죽으로 만든 공기 주머니에 입이나 풀무로 바람을 가득 불어 넣은 다음, 그 주머니를 조금씩 눌러 파이프로 공기를 내보면서 소리를 내는 악기이지요. 수천 년 전 수메르 지방에서 염소나 양의 가죽으로 주머니를 만들고는 파이프를 연결시켜 소리가 나오게끔 한 전통 있는 악기이며, 오래전부터 유럽은 물론 아프리카, 인도에도 있었습니다.

그러나 세월이 흐르면서 유독 스코틀랜드 군악대에서 적극적으로 연주했습니다. 원래 스코틀랜드 고산 지대에 살았던 사람들이 즐기던 악기를 자연스럽게 군악대에서 받아들이고 자신들의 전통으로 만든 것입니다. 스코틀랜드에서는 지금도 군악대용 악기로 사용하며, 나아가 축제 때 상징적인 악기로 쓰고 있습니다.

백파이프를 이용하여 연주한 음악으로 세계에 널리 알려진 곡이 있습니다. 바로 〈어메이징 그레이스(Amazing Grace)〉입니다. 스코틀랜드 선교사들에 의해 전파된 이 음악은 1927년 '로열 스콧'이라는 백파이프 연주단이 스튜디오에서 녹음한 음반을 발매함으로써 여러 나라에 전해졌습니다. 차분히 〈어메이징 그레이스〉를 듣노라면 종교나 국가를 떠나 저절로 감동에 젖는 매력이 있기 때문이며, 그런 이유로 스코틀랜드 백파이프 연주자들은 이 음악을 가장 즐겨 연주하고 있습니다.

이탈리아가 성악으로 유명한 이유

62·63일째

"아아아아~ 아~~."

'성악(聲樂)'은 사람 목소리를 주체로 한 음악을 뜻하며, 독창·중창·합창 등으로 나뉩니다. 독창은 혼자 부르는 노래, 중창은 여럿이 부르는 노래, 합창은 많은 사람이 함께 부르는 노래를 가리킵니다. 독창은 성악가의 개성을 강조하고, 중창은 조화로운 음빛깔을 들려주고, 합창은 역동적인 박력을 느끼게 해 줍니다.

흔히 오페라 무대에서 성악가들이 연기하면서 노래를 부르는데, 20세기 초에는 이탈리아 성악가 엔리코 카루소가 세계적 명성을 누렸고, 1970년대 이후에는 루치아노 파바로티가 지금까지 세계적으로 큰 인기를 누리고 있습니다. 이들 외에도 많은 이탈리아 성악가가 오페라 가수로 이름을 떨치고 있습니다. 이탈리아 성악이 유명한 이유는 무엇일까요?

"하느님의 거룩함을 노래로 찬양하라!"

이탈리아에는 교황청이 있는 까닭에 성가대가 일찍부터 발달했으며, 르네상스 시대 이전까지 악기 반주 없이 성가를 불렀습니다. 그러다 17세기를 전후하여 성악에 일대 변화가 일어났습니다. 이전에는 찬송을 위해 노래를 불렀는데, 이때부터 사람의 다양한 감정을 표현하는 쪽으로 방향을 틀었던 것입니다.

"노래로만 이야기를 전달하면 어떨까?"

17세기 초 이탈리아에서 오페라(opera)가 새롭게 선보이며 사람들 관심을 끌었습니다. 음악에 따라 펼쳐지는 연극인 오페라는 모든 대사가 노래로 표현되는 특징이 있었습니다.

"가수들이 계속 노래 부르니 지루하지 않고 흥미롭네."

오페라 음악은 독창과 합창 및 관현악으로 구성되며, 성악가들의 노래가 절대적인 비중을 차지했습니다. 그리하여 성악가들은 자신의 목소리를 아름답게 만드는 데 최선을 다했습니다.

"어떻게 해야 좋은 목소리를 낼 수 있을까?"

19세기경 이탈리아에서는 오페라 가수들을 돋보이게 하기 위해 여러 가지 꾸밈음을 사용한 벨칸토(bel canto) 창법이 성행했습니다. '벨칸토'란 이탈리아 어로 '아름다운 노래'란 뜻으로서 아름다운 목소리[美聲]를 내는 데 치중하는 발성법입니다. 벨칸토 창법은 17세기 무렵부터 오페라를 통해 점차 발전해 왔으며, 목소리 크기를 정확히 조절하는 데 중점을 두었습니다.

"호흡을 잘 사용하여 노래해야 좋은 목소리를 낼 수 있지."

일반적으로 후두(목에서 소리를 내고 호흡을 하는 기관)가 낮은 곳에 있을 때 나는 소리와 후두가 높은 곳에 있을 때 나는 소리를 구분해서 연습했습니다. 성악가들은 호흡을 조절하면서 발음을 재빠르고 분명히 하여 가사를 정확히 발음하는 요령을 익힌 것입니다.

벨칸토 창법은 성악가의 음색을 최대한 살려야 하므로 상대적으로 악기 연주의 비중을 줄이게 만들었습니다. 이로 인해 종종 오페라의 오케스트라(관현악단)가 성악가의 반주를 위한 존재로 전락하기도 했습니다. 그럼에도 불구하고 뛰어난 목소리를 내는 성악가가 있을 경우 그의 노래를 듣고자 많은 사람이 몰리곤 했습니다. 18세기에 활동한 벨칸토 창법의 대가 파리넬리는 수많은 여성 팬이 따른 것으로 유명합니다. 현재는 파바로티가 당대 최고의 벨칸토 오페라 가수로 유명합니다.

요컨대 이탈리아는 로마 한복판에 교황청이 있었던 덕에 찬송 음악의 본고장이 되었고 나아가 성악의 나라로까지 되었습니다. 또한 오페라가 이탈리아에서 시작되어 지속적으로 발전해 온 까닭에 오페라 가수들은 이탈리아 어로 노래를 부르곤 합니다. 때문에 오늘날 많은 성악가 지망생이 이탈리아로 가서 성악을 공부하고 있습니다.

이탈리아 남자가 구애할 때 세레나데를 부른 연유

64·65일째

엔리코 카루소(1873~1921)는 이탈리아 출신의 세계적인 성악가입니다. 매우 가난한 집안에서 태어났지만 젊은 시절 자기 목소리를 밑천 삼아 돈을 벌었습니다. 카루소는 젊은 연인들을 위해 세레나데를 대신 불러 주며 돈을 벌었고, 정통 성악 교육을 받은 뒤부터는 세계를 놀라게 하는 대성악가로 성장했습니다. 그런데 왜 이탈리아 남자들은 구애할 때 여자 집 근처에서 세레나데를 불렀을까요?

♪창문을 열어 다오~!♬

늦은 밤 창문 밑에서 사랑하는 연인에게 애절하게 노래 부르는 풍습의 유래는 13세기 중엽으로 거슬러 올라갑니다. 당시 이탈리아에서는 문학이 싹트기 시작했는데, 초기 문학에서는 감미로운 시가 그 주류를 이루었습니다.

"꽃보다 아름다운 여인이여, 내 사랑을 받아 주소서."

이전에는 사랑을 표현하는 일이 금지되었지만, 이제 사랑을 글로 표현하게 된 것입니다. 이런 낭만적인 시는 금방 사람들의 호응을 얻었습니다.

어떤 시대이든 간에 사람들은 항상 사랑하며 살아왔으니까요.

"뜨거운 사랑의 시를 노래로 부르면 어떨까?"

사랑의 시에 대한 반응이 좋자, 그 시를 칸초네(canzone)라 부르기 시작했습니다. '칸초네'는 '노래, 가요'란 뜻으로, 널리 대중이 애창하고 있는 이탈리아의 대중가요를 가리키는 말입니다. 본래는 14

세기부터 유행한 서정적인 시를 의미했지만 여기에 곡을 붙이면서 이탈리아의 대중적인 가요를 이르게 되었습니다.

"노래로 들으니 달콤한 사랑이 더욱 진하게 느껴지네."

아름다운 선율에 사랑의 시를 얹어 노래하니, 그 내용이 듣는 상대방에게 깊이 전해졌습니다. 그러자 연인에게 사랑을 고백할 때 달콤한 시를 노래로 부르는 사람들이 생겼습니다. 효과가 크자 그렇게 고백하는 청혼 풍속이 17세기 말엽 크게 유행했습니다.

'오늘 밤 그녀에게 내 사랑을 고백해야지.'

이렇게 결심한 젊은 남자는 연인의 집을 찾아가서 노래를 부르며 결혼해 달라거나 자기 사랑을 받아 달라고 호소했습니다. 이탈리아의 집은 대개 2층 이상이며, 거주 공간도 2층이 중심입니다. 따라서 남자들은 2층 창문 아래에서 달밤에 노래를 부르곤 했습니다. 요컨대 낭만적 노래를 좋아하는 민족성이 집 구조와 어울려 독특한 청혼 풍속을 낳은 것입니다.

이때 남자가 노래를 잘 부를수록, 여자가 분위기에 취해 사랑을 받아줄 확률이 높았습니다. 노래 잘 부르는 사람은 괜찮지만, 노래를 못하는 사람은 곤란한 일이었지요. 하지만 묘책이 있었으니 노래 잘 부르는 사람에게 부탁해 숨어서 대신 세레나데를 부르게 하고, 당사자는 무릎을 꿇은 채 여인의 사랑을 기다렸습니다. 그 풍경이 자못 낭만적인 데다 이탈리아인은 음악을 좋아하기에 이런 행위는 풍속이 되어 근대까지 이어졌습니다.

그렇다면 '세레나데'는 어떤 음악일까요? 영어 serenade(세레나데)의 어원은 '저녁, 밤'이란 뜻의 이탈리아 어 serenata(세레나타)입니다. 원래는 17~18세기 이탈리아에서 저녁 연회 분위기를 돋우고자 연주한 가벼운 분위기의 곡을 세레나타라고 했으나 이윽고 구애하는 남자가 밤에 연인의 집 창가에서 부르던 사랑의 노래도 같은 뜻으로 썼습니다. 다시 말해 세레나타는 주로 밤에 연주되는 가벼운 음악이나 사랑 감정이 느껴지는 노래를 의미합니다.

"휴식할 때 연주하면 어울릴 만한 음악이네."

세레나타는 이웃 나라로도 전해졌으며 영어로 세레나데라고 했습니다. 우리나라에는 '소야곡(小夜曲)' 혹은 '야곡(夜曲)'으로 번역됐는데 직역하면 '작은(가벼운) 밤의 노래', '밤의 노래'라는 뜻입니다. 야외 연주곡이었던 세레나데는 점차 (실내) 연주회용의 가곡 또는 기악곡(악기를 써서 연주하는 음악)으로도 발전했습니다. 슈베르트의 〈세레나데〉, 토스티의 〈세레나데〉, 모차르트의 〈아이네 클라이네 나흐트무지크〉는 그 대표적인 가곡입니다.

시를 읊조리듯 부르는 프랑스 샹송

66·67일째

　　1946년의 어느 날, 프랑스 가수 에디트 피아프(1915~1963)는 권투 선수 마르셀 세르당을 만나자마자 사랑에 빠졌습니다. 피아프는 그동안 여러 차례 사랑을 해 봤지만 세르당에게 한층 특별한 감정을 느꼈고, 당대 최고 복서로 이름을 떨치던 세르당 역시 피아프에게 깊은 사랑의 감정을 나타냈습니다. 두 사람은 수시로 편지를 주고받으며 사랑을 키웠습니다. 그런데 1949년 10월 세르당은 미국에서 공연 중이던 피아프를 만나러 비행기를 탔다가 추락 사고로 숨졌습니다.

　　"아니야! 믿을 수 없어."

　　피아프는 비극적인 소식에 고개를 저으며 통곡했습니다. 세르당 없는 세상이 너무 싫은 나머지 피아프는 한때 따라 죽으려는 생각도 했습니다. 피아프는 눈물로 세월을 보내다가 어느 날 자신도 모르게 어떤 가락을 흥얼거리고 있음을 느끼고 즉시 악보를 썼습니다. 그리고 거기에 세르당을 그리워하는 가사를 얹어 〈사랑의 찬가〉를 만들었습니다.

　　피아프가 1950년 음반으로 발표한 〈사랑의 찬가〉는 큰 인기를 끌었으며, 프랑스는 물론 세계 여러 나라에 대표적인 샹송(chanson)으로 알려졌습니다. 〈사랑의 찬가〉에 담긴 피아프의 절절한 사랑이 사람들 마음에 감동을 주었기 때문인데, 그 가사는 대략 다음과 같습니다.

하늘이 무너지고 땅이 꺼진다 해도
그대가 날 사랑한다면 두렵지 않아요.
캄캄한 어둠에 싸이며 세상이 뒤바뀌어도
그대가 날 사랑한다면 아무 상관없어요.
그대가 원한다면 이 세상 끝까지 따라가겠어요.
하늘의 달이라도 눈부신 해라도 따다 바치겠어요.

그대가 원한다면 아끼던 나의 것 모두 버리겠어요.
조국도 버리고 친구도 버리겠어요.
비록 모든 사람이 비웃는다 해도
오직 당신만을 따르겠어요.

어느 날 갑자기 운명의 신이 당신을 뺏어 가도
그대만 날 사랑한다면 당신 곁으로 따라가겠어요.
그러면 우리는 푸른 하늘에서
자유롭게 사랑할 수 있을 테니까요.

이런 내용이 담긴 〈사랑의 찬가〉는 샹송의 특징을 잘 담은 노래입니다. 그런데 '샹송'이란 무엇일까요? 샹송은 프랑스에서 널리 불리는 대중가요를 가리키는 말입니다. 샹송의 유래는 12세기로 거슬러 올라가며 '읊조리듯 부르는 노래'를 의미했습니다.

"시적인 분위기가 참 좋네."

14세기에 이르러서는 '시(詩)에 의한 노래 형식'으로 발전했고, 독창에 한 개 이상의 반주를 곁들이는 형식으로 이어졌습니다. 예술을 좋아하고 교양 있는 귀족들이 사랑의 감정을 샹송으로 부르곤 했습니다. 17세기에는 일반인들도 샹송을 많이 불렀고, 이에 따라 샹송은 프랑스의 대중가요가 되었습니다. 20세기 초에는 현대적인 샹송이 등장했습니다.

이러한 역사 문화를 지녔기에 샹송은 그 어느 나라의 대중가요보다도 가사 내용이 중요시됩니다. 일반적으로 샹송은 쿠플레(couplet)라고 하는 이야기체 부분과 르프랭(reprain)이라고 하는 반복 부분으로 구성됩니다.

앞서 말한 〈사랑의 찬가〉가 크게 유행한 이유도 여기에 있으니, 가사가 사랑을 해 본 사람이라면 느낄 만한 내용이기에 공감을 얻은 것이지요. 오늘날에도 샹송은 이야기를 하듯 불리며 일상생활 언어가 많이 사용됩니다. 또한 샹송은 가수가 얼마나 개성 있게 부르느냐에 따라 평가가 달라집니다. 바꿔 말해 노랫말에 담긴 감정을 제대로 표현해야 멋진 샹송으로 여기는 것입니다. 이브 몽탕이 1946년에 영화 주제가로 부른 〈고엽〉은 가을의 쓸쓸함과 사랑의 그리움을 잘 표현한 샹송으로 유명합니다.

오스트리아의 왈츠, 3박자의 경쾌한 춤곡

68·69일째

1887년에 요한 슈트라우스 2세(1825~1899)는 아델레 도이치라는 여성과 세 번째 결혼을 했습니다. 그해 어느 날 저녁, 슈트라우스는 왈츠 연주회에 평소 친하게 지내던 브람스를 초대하였습니다. 당시 슈트라우스는 왈츠로 명성을 얻은 음악가였고, 브람스는 아름다운 낭만주의 음악으로 인기 많은 작곡가였습니다. 슈트라우스의 아내는 브람스와 대화를 나누다가 부채를 내밀면서 이렇게 말했습니다.

"만나 뵈어 반갑습니다. 기념으로 한마디 적어 주시겠어요?"

브람스는 그 부채를 받아 들더니, 그때 연주되고 있던 〈아름답고 푸른 도나우〉의 첫머리 몇 소절 악보를 그리고는 '안타깝게도 브람스의 작품은 아님'이라는 말을 덧붙였습니다. 슈트라우스의 곡이 훌륭하다는 재치 있는 표현이었고, 슈트라우스의 아내는 뜻밖의 칭찬에 만족한 웃음을 지었다고 합니다. 〈아름답고 푸른 도나우〉가 어떤 곡이기에 그랬을까요?

1866년 8월, 슈트라우스의 조국 오스트리아는 이웃 나라 프로이센과 전쟁을 벌였다가 크게 불리해지자 항복했습니다. 전쟁이 끝난 뒤 빈의 분위기는 무척 침울했습니다. 전쟁터에서 남편이나 자식을 잃은 여자들과 다친 병사가 많았기 때문입니다. 이전에 즐겁고 밝았던 도시 분위기는 온데간데없이 사라졌습니다.

'어떻게 하면 쾌활한 분위기를 되살릴 수 있을까?'

모두가 우울해할 때 빈 남성 합창단 지휘자 요한 헤르베크는 위와 같이 고민했습니다. 그는 흥겨운 왈츠를 통해 사람들을 위로할 수 있다고 생각해서 슈트라우스에게 흥겹고 쾌활한 왈츠 합창곡을 부탁했습니다.

슈트라우스는 헤르베크의 뜻에 공감하여 기꺼이 작곡에 나섰습니다.

그때까지 왈츠는 연주곡으로만 작곡되었는데, 슈트라우스는 시인 카를 베크의 시에서 영감을 얻어 왈츠 합창곡을 작곡했습니다. 그 시의 내용은 대략 다음과 같습니다.

나는 괴로워 슬피 우는 네 모습을 본다.
나는 아직 젊고 영광으로 가득한 네 모습을 본다.
마치 금광 속에 빛나는 황금처럼 거기 진실은 자란다.
도나우 강변에, 아름답고 푸른 도나우 강변에.

'도나우(Donau)'는 오스트리아의 젖줄 같은 강물이며, 영어로는 '다뉴브(Danube)'라고 합니다. 시인은 위와 같은 시를 통해, 어떤 상황에도 변함없이 흐르는 강물처럼 패전의 아픔을 이겨 내고 다시 힘차게 살아가자고 말한 것입니다. 슈트라우스는 그 시의 내용에 어울리게끔 왈츠 합창곡을 작곡한 다음 제목을 '아름답고 푸른 도나우'라고 붙였습니다.

〈아름답고 푸른 도나우〉는 1867년 2월 15일 헤르베크의 지휘로 첫선을 보였으며, 남성 합창단이 정성을 다해 노래를 불렀습니다. 그렇지만 반응은 그다지 좋지 않았습니다. 슈트라우스는 실망하지 않고 그 원인을 분석했습니다. 그해 여름 파리 만국 박람회에서 슈트라우스를 초청했습니다. 이때 슈트라우스는 합창을 빼고 관현악곡으로 편곡해서 연주했습니다. 그러자 우레와 같은 박수가 쏟아졌습니다. 이후 〈아름답고 푸른 도나우〉는 대부분 관현악곡으로 연주되고 있으며, 오늘날 오스트리아에서는 매년 해가 바뀌는 첫날 0시 정각에 이 곡을 틀어 새해가 됐음을 알립니다.

한편 왈츠(waltz)는 슈트라우스의 아버지인 요한 슈트라우스 1세가 1826년 3박자의 경쾌한 춤곡을 선보이면서 널리 퍼졌습니다. 당시 오스트리아 귀족들은 왈츠에 맞춰 남녀 한 쌍이 되어 원을 그리며 우아하게 춤추었습니다. 하여 슈트라우스 1세는 '왈츠의 아버지'라고 불립니다. 하지만 아들인 슈트라우스 2세가 뛰어난 왈츠를 많이 작곡하여 더 유명해졌습니다. 슈트라우스 2세는 아버지가 고안한 왈츠 형식을 다양하게 확대시켜 무려 500여 곡을 작곡했습니다. 덕분에 왈츠는 오스트리아를 대표하는 음악으로 세계에 알려졌고, 슈트라우스 2세는 '왈츠의 왕'으로 불리고 있습니다.

스페인의 격정적인 무용 음악 플라멩코

70·71일째

'정열의 나라!'

흔히 스페인 하면 '열정적인 나라'를 떠올립니다. 사람이 몸집 큰 수소와 싸우는 투우가 성행하는 데다, 특유의 민속 무용 플라멩코(flamenco)가 매우 격렬해서 보는 사람을 흥분시키기 때문입니다. 플라멩코는 스페인의 민요에 기타 반주와 춤을 곁들인 무용 음악입니다.

'플라멩코'의 어원에 대해서는 여러 설이 있으나 19세기경에 '불꽃, 정열'을 뜻하던 대중적인 은어(隱語) flama(플라마)가 '멋진, 화려한'이라는 의미로 가난하지만 열정적으로 살아온 집시 음악에 쓰였으리라는 설이 가장 유력합니다. 그래서인지 플라멩코에서는 정열과 동시에 붉은 슬픔이 느껴집니다.

그런데 스페인이라고는 하지만 더 정확히 말하면 '플라멩코'는 안달루시아 지방의 민속춤입니다. 안달루시아는 '알 안달루스(Al Andalus)'에서 유래된 말이며, 409년 스페인에 쳐들어온 '반달 족이 살고 있는 곳'이란 뜻입니다. 반달 족은 스페인 북부에 살고 있는 사람들과 달리 열정적인 기

질로 기분을 마음껏 내곤 했으며, 시간이 흐르면서 안달루시아 특유의 문화를 만들어 냈습니다.

"물이 있으니 시원하네."

안달루시아 지방의 대표적 특징 중 하나는 집에 파티오(patio)가 있다는 점입니다. '파티오'는 '안뜰'이라는 뜻인데, 작은 분수나 연못이 있는 그 뜰을 둘러싸고 사방에 방들이 배치되어 있습니다. 무더운 기후를 감안하여 집을 시원하게 하고자 그리 설계한 것이지요. 파티오에는 나무와 꽃들이 심어져 있고 도자기나 그릇 등도 놓여 있는데, 이는 자연 경치를 집에서 즐기기 위한 장식입니다.

"우리의 음악과 춤을 한번 보시겠어요?"

15세기경 스페인에 낯선 집시들이 들어왔는데 그들 문화가 안달루시아 사람들 마음을 사로잡았습니다. '집시'는 유럽 전역을 떠돌아다니며 사는 민족을 가리키는 말이며 노래와 춤을 무척이나 좋아하는 걸로 유명합니다.

집시는 이곳저곳 돌아다니는 과정에서 각 지역의 노래나 춤을 배웠고 자기 나름대로 소화해서 멋진 무용으로 탈바꿈시켰습니다. 다시 말해 스페인에 정착한 집시들이 여러 지역의 춤을 섞어서 플라멩코라는 독특한 춤과 음악을 만든 것입니다. 스페인 집시들은 19세기부터 카페에서 직업적으로 춤추었고, 이때부터 플라멩코라는 말이 그들의 음악과 춤을 일컬었습니다.

플라멩코에는 몇 가지 특징이 있습니다. 가장 큰 특징은 두 손으로 캐스터네츠를 두드리며 박자(주로 3박자)를 맞춘다는 점입니다. '캐스터네츠'는 두 손에 한 개씩 손가락에 끼고서 부딪쳐 소리 내는 조개 모양의 타악기를 가리킵니다. 이걸로 소리를 내면서 춤출 때 리듬을 맞추는 거지요.

둘째 특징은 팔을 흔드는 동작과 발의 움직임에 있습니다. 무용수는 음악 리듬에 맞춰 춤추되 우아하고 아름다우면서도 당당한 동작을 보입니다. 이때 팔이나 손가락 혹은 발을 격렬하게 움직이다가 어느 순간 갑자기 멈추고 멋진 자세를 취하는데, 이것은 '순간의 아름다움'을 표현한 동작입니다.

셋째 특징은 붉은 원색 주름치마를 입은 채 뒤집었다 휘감았다 하며 흥겨움을 연출하는 것입니다. 여성이 무대 위에서 붉은 치마를 휘날리며 강렬하게 몸을 움직이면 성적 매력이 물씬 풍깁니다.

마지막 특징으로는 기타를 꼽을 수 있습니다. 캐스터네츠가 무용수 스스로 조절하는 것이라면, 기타는 반주자가 곁에서 도와주는 분위기 음악입니다. 기타 연주자는 미(E) 음을 으뜸으로 한 선법을 연주하여 억제된 정열과 안타까운 슬픔을 자아냅니다.

플라멩코의 매혹적이면서도 열정적인 분위기는 스페인 사람들의 민족 정서와 잘 통합니다. 그래서 플라멩코는 스페인을 상징하는 대표적인 무용 음악으로 여겨지고 있습니다.

포르투갈의 파두, 슬픔을 담은 연주와 노래

72·73일째

포르투갈 수도 리스본은 오랜 옛날 페니키아 인에 의해 항구로 건설된 후 그리스, 로마, 이슬람의 지배를 거치면서 크게 성장한 도시입니다. 그런 까닭에 포르투갈 사람들은 항해의 중요성을 일찍 깨달았습니다. 특히 15세기에 엔리케 왕자는 해외 개척을 적극 뒷받침함으로써 정작 자신은 배를 타지 않았으면서도 후세 역사가들로부터 '항해자'라는 명칭을 들었습니다. 그의 업적으로 인해 포르투갈은 식민지로부터 막대한 재물을 가져와 강대국으로 행세했습니다.

"아, 집에 가고 싶다."

그런데 바다를 오래 여행하면 누구라도 외로움을 타게 됩니다. 날마다 공간이 한정된 배 안에서 같은 일을 반복하노라면 지치기도 하고, 밤에는 보지 못하는 사람을 심하게 그리워하게 되는 까닭입니다.

마음이 쓸쓸하기는 사랑하는 사람을 바다로 떠나보낸 가족이나 연인도 마찬가지입니다. 파도가 거세게 출렁이는 바다에서 행여 사고가 생기지는 않을지, 좁은 배 안에서의 생활로 인해 건강은 괜찮은지 걱정되기 때문입니다.

포르투갈 특유의 전통 음악 파두(fado)는 그런 정서를 바탕으로 하여 생겼습니다. '파두'란 '운명'을 뜻하는 라틴 어 파툼(Fatum)에서 유래한 말로, 기타(혹은 만돌린) 반주에 맞춰 슬픈 듯한 목소리로 부르는 노래를 가리킵니다.

파두의 기원은 15세기로 거슬러 올라갑니다. 당시 이 나라 사람들이 해양으로 진출하면서 폭풍으로 인해 배가 침몰하거나 조난당하는 바람에 바다에서 죽고 돌아오지 못하는 사람이 많았습니다. 심지어 살았는지 죽었는지조차 그 소식을 알 수 없는 경우도 적지 않았습니다.

"지금이라도 살아 돌아올 것 같은데 너무 그리워."

따라서 죽은 사람의 유족은 영원한 이별에 가슴 아파하고, 실종된 사람의 가족이나 연인은 기약 없는 기다림에 슬퍼했습니다. 그 슬픔을 위로하는 차원에서 나온 음악이 파두이며, 같은 맥락에서 슬픔이 가득 배게 되었습니다. 포르투갈 어로 '향수(鄕愁)'라는 뜻인 사우다데(saudade)는 파두의 본질이며 한국의 한(恨)에 해당하는 정서입니다.

포르투갈의 항해 시대는 그리 오래가지 않았으나 한번 생긴 파두는 사라지지 않았습니다. 오히려 항해 시대에 대한 추억을 되새기고 민족적 아픔을 공감하는 차원에서 파두가 계승됐습니다. 그리고 세월이 흐르면서 서정성이나 낭만성이 강조되었습니다. 음악적 주제도 그리움·이별·외로움·슬픔·향수 등 인연의 운명이나 숙명을 다루게 됐으며, 조국에 대한 사랑이나 백성의 애환을 노래했습니다.

파두의 또 다른 특징으로 운문조 가사를 꼽을 수 있습니다. 이것은 감흥이 일어나면 즉석에서 시를 짓는 포르투갈 인의 감수성과 연결되어 있습니다. 육지의 술집에서 흥얼거리는 사람뿐만 아니라 바다로 나간 뱃사람들도 조국을 그리면서 입에서 나오는 대로 그리움을 중얼거린 결과물이 운문조 가사로 나타난 것입니다.

포르투갈에서는 파두 가수를 가리켜 '파디스타(fadista)'라고 부릅니다. 기록상으로 최초의 파디스타는 마리아 세베라(Maria Severa, 1820~1846)입니다. 세베라는 1836년 격렬한 애정을 노래해서 화제를 낳았습니다. 당시 비미오주(Vimioso)라는 귀족은 사람들 손가락질을 마다하지 않고 세베라를 따라다니며 기타 반주자를 자청했고, 세베라가 젊은 나이에 세상을 떠난 뒤에는 귀족 무도회장에서 세베라를 대신하여 파두를 불렀다고 합니다. 덕분에 파두는 서민 음악에서 국민적인 음악으로 널리 퍼졌으며, 오늘날 파디스타들은 세베라를 추모한다는 의미에서 검은 정장을 입은 채 노래 부르고 있습니다.

이런 연유로 파두를 모르고서는 포르투갈을 안다고 말할 수 없습니다.

아르헨티나의 탱고, 피로 해소제로 출발하다

74일째

♪딴따따~다 따다다다 딴딴♬

아르헨티나는 탱고(tango)의 발상지로 유명한 나라입니다. '탱고'는 4분의2 박자 또는 8분의4 박자의 경쾌한 음악 혹은 그 음악에 맞춰 추는 춤을 가리키는 말입니다. 일반적으로 남녀 한 쌍이 짝이 되어 탱고 음악에 맞춰 춤추는데, 춤사위가 매우 육감적이고도 낭만적입니다.

"어디 한번 흥겹게 놀아 볼까."

19세기 중엽 항구 도시 부에노스아이레스에 뱃사람들을 중심으로 매력적인 음악이 유행하기 시작했습니다. 힘든 하루를 마친 저녁에, 쌓인 피로를 풀고자 스페인의 플라멩코를 흉내 내어 춤을 추었지요.

특히 부에노스아이레스 번화가 중 하나인 보카에서 경쾌한 음악이 크게 유행했습니다, 하여 보카를 '탱고의 고향'이라고 부릅니다. 이 지역은 열정적 기질의 이탈리아계 주민들이 모여 산 곳인데 그들은 시각적으로는 화려한 색채를, 청각적으로는 경쾌한 소리를 좋아했습니다.

그에 맞춰 점차 아르헨티나만의 음악으로 발전했고, 어느덧 세련된 분위기를 자아내기에 이르렀습니다. 초창기 탱고는 활기차고 쾌활했으나 1920년대가 되자 우수(근심과 걱정) 어린 분위기로 변했고, 동작도 활기찬 움직임에서 부드러운 움직임으로 바뀌었습니다.

탱고를 좋아하는 사람이 많아지자 곳곳에 무도회장이 생겼고, 그에 따라 독자적인 음악을 작곡하는 음악가도 많아졌습니다. 프랑스에서 건너온 카를로스 가르델은 그 선두 주자로서 〈내 사랑 부에노스아이레스〉를 비롯하여 탱고의 고전으로 꼽히는 명작을 많이 남겼습니다.

이후 탱고는 단순히 춤만을 위한 음악이 아니라 연주 음악으로도 인기를 끌었습니다. 따라서 탱고는 아르헨티나가 낳은 멋진 음악이자 춤이라고 말할 수 있습니다.

브라질의 삼바, 정열을 뿜어내는 춤곡

75·76일째

'축구와 삼바의 나라!'

축구 강국 브라질의 경기는 매우 공격적입니다. 현란한 발 기술과 패스로 상대 수비를 제치고 골을 넣어 관중을 환호하게 만들지요. 지키기 위한 수비 축구는 비난을 사기 일쑤입니다. 열정적인 기질에 맞지 않기 때문입니다.

축구 못지않게 브라질 사람들의 정열을 보여 주는 유명한 것이 또 있습니다. 해마다 2~3월에 브라질 옛 수도 리우데자네이루에서 벌어지는 '리우 카니발'이 그것입니다. 온갖 치장을 한 반나체 미녀들이 삼바(samba)를 추며 행진하면, 사람들은 더불어 정열적으로 춤추며 열광합니다. 축제가 얼마나 화려하고 열정적인지 그 현장을 보려고 세계 각국에서 관광객이 몰려든답니다.

"오늘만큼은 자유다!"

리우 카니발은 과거 브라질이 노예 제도를 실시하던 시절 흑인들이 가진 불만의 배출구 구실을 했던 축제에서 유래되었습니다. 흑인 노예들은

이날만큼은 백인 주인의 화려한 의상을 입고 귀족 행세를 하도록 허락받았는데, 억압되었던 마음을 풀기 위해 광적으로 춤추고 즐겼다고 합니다. 신 나게 춤추자니 곁들이는 즉흥적인 음악은 당연히 빠른 리듬으로 연주되었습니다.

'삼바'는 아프리카 토속 춤에 영향받아 브라질에서 탄생한 격렬한 리듬의 춤입니다. 삼바란 말은 백인들이 흑인을 얕잡아 부르던 호칭 혹은 '흑인 여자'라는 뜻의 토속어가 어원이라고 합니다. 어느 설이 옳든 간에 흑인을 비하해 부르던 말이 춤 이름이 된 것입니다.

춤으로서의 삼바는 19세기 말엽 유행한 마시셰(maxixe)와 마르샤(marcha)에 기원을 두고 있습니다. '마시셰'는 남녀 한 쌍이 껴안은 채 즉흥적으로 추는 춤이고, 마르샤는 '하나 둘 하나 둘' 식의 리듬이 빠르게 반복되는 음악이었습니다. 여기에 흑인 특유의 바운스(bounce, 공이 튀는 것 같은 동작)와 조금씩 매끄럽게 이동하는 포르투갈의 춤이 가미되어 현재와 같은 4박자 춤(혹은 춤곡) 삼바가 탄생했습니다.

아프리카 흑인과 브라질 토속인 그리고 백인의 춤이 섞인 혼혈 춤곡 삼바는 1910년대 중반에 형태를 갖추기 시작했습니다. 1917년에 둥가가 최초의 삼바로 평가받는 〈펠루 텔레포니(Pelo Telefone, 전화로)〉를 작곡하여 발표했고, 이때부터 삼바 음악이 점차 인기를 끌면서 브라질 전역으로 퍼져 나갔습니다. 1920년대에는 브라질의 상징 음악처럼 크게 유행했습니다.

1928년 폴 부셰라는 출판인이 댄스 교본에 삼바를 실으면서 사교댄스로 정식화되었고, 그해 리우데자네이루에 최초의 삼바 교습소가 문을 연이래 수많은 삼바 교습소가 우후죽순처럼 생겼습니다. 그러자 브라질 정부는 리우 카니발을 통해 삼바가 브라질의 춤임을 세계적으로 알리려 노력했습니다.

리우 카니발은 '삼바 축제'라고 불릴 정도로 빠르고 흥겨운 삼바 리듬과 화려한 의상을 입은 아름다운 댄서들 그리고 독창적이면서도 화려한 행진으로 유명합니다. 축제가 열리는 2~3월은 1년 중 가장 더운 때인데, 브라질 사람들은 춤 열기로 더위를 극복하며 즐거운 시간을 보냅니다.

리우 카니발은 즉흥적인 행사가 아니라 1년 동안 준비하여 치르는 거대한 축제입니다. 해마다 20여 팀이 거액 상금을 타고자 1년 동안 삼바를 연습한 후 리우 카니발에서 그동안 갈고닦은 실력을 뽐냅니다. 리우 카니발이 벌어지는 기간은 국가 공휴일입니다.

오늘날 삼바는 분절 리듬을 동반하는 4분의4 박자 음악에 맞춰 앞뒤로 걷는 듯한 단순한 발걸음과, 상하·전후·좌우로 흔드는 몸동작이 특징입니다. 이때 자연스러운 바운스를 곁들이며 리듬을 탑니다. 브라질 사람은 삼바를 본능적인 동작인 것처럼 춥니다. 그래서인지 브라질 축구 선수들은 경기장에서 골을 넣은 후 삼바 세리머니를 종종 보여 줍니다.

인도네시아의 가믈란, 타악기 중심의 기악 합주

77·78일째

'세계에서 섬이 가장 많은 나라.'

인도네시아(Indonesia)는 '인도의 섬들'이란 뜻으로, 자그마치 대략 1만 3700개의 섬으로 이루어져 있습니다. 그중 자바 섬과 발리 섬이 가장 크고 비중이 높습니다. 인도네시아 문화도 이 두 섬을 중심으로 세계에 알려져 있지요.

인도네시아 전통 연극이나 춤에는 반드시 가믈란(gamelan)이 반주를 맡습니다. 음악으로 관중 마음을 감동시키기 위함이지요. '가믈란'은 자바와 발리의 토착 기악 합주, 즉 인도네시아의 여러 전통 악기로 연주하는 음악을 가리키는 말입니다.

♪당당 동당댕당♬

가믈란은 인도네시아판 관현악단이라 할 수 있지만 타악기 중심이라는 점에서 색다릅니다. 대부분 나라에서는 관악기, 현악기, 타악기를 모두 동원한 합주 형태로 음악을 연주하는 데 비해 인도네시아에서는 나무, 대나무, 금속 등으로 만든 타악기로 합주를 하거든요. 인도네시아 사람들은 왜 타악기를 많이 쓸까요?

인류 최초의 악기가 타악기라는 데서 짐작할 수 있듯, 타악기는 가장 원초적인 음감인 리듬을 표현합니다. 쉽게 말해 반복되는 높고 낮은 소리로써 흥겨움을 주는 거지요.

리듬은 일정한 규칙이나 박자에 의하여 소리의 높낮이나 길이가 되풀이되며 이러한 반복은 사람을 은연중에 흥분시키고 세뇌시킵니다. 옛날 인도네시아 정부는 전통 연극이나 춤을 통해 귀족이나 대중에게 특정한 목적을 가진 교훈을 전달하고자 했습니다. 그러하기에 단순하면서도 중독

성이 높은 타악기 중심의 반주를 연주하게 하여 내용이 머릿속으로 깊이 들어가게 했습니다.

가믈란은 악기 특성상 춤이 따라다닙니다. 리듬은 필연적으로 인체를 움직이게 만들기 때문이지요. 옛날 자바 왕실에서는 귀족층을 대상으로 아주 단순하고 느린 동작의 무용이 행해졌는데 무용수들은 마치 무언가에 홀린 것 같은 분위기로 천천히 춤을 추었습니다. 이때 가믈란의 반주는 무용수의 춤사위에 맞춰 은은한 분위기를 자아냈지요.

그렇지만 춤은 자바 섬보다는 발리 섬에서 더욱 다양하게 펼쳐졌습니다. 특히 발리에서는 기존의 애니미즘(동물 신앙)과 섞여 사람들의 힘을 끌어 올리는 형태로 춤이 나타났습니다.

'신(神)의 섬, 춤의 섬'이라 불리는 발리는 인도네시아에서 유일하게 힌두교를 믿고 있는 지역입니다. 모든 동물을 숭배하는 점에서 인도의 힌두교와 다르므로 흔히 '발리 힌두'라고 말합니다.

발리에서는 어떠한 자연 현상도 종교 행사의 대상이 되며, 1년 내내 여러 행사가 벌어집니다. 발리 무용에 반주되는 가믈란 음악은 그 속도가 매우 빠르다는 특징이 있는데, 이는 신화 〈라마야나〉가 싸움이나 연애를 주제로 긴박하게 전개되기 때문에 그렇습니다.

대표적인 발리 무용으로는 바롱(Barong)과 케차(Kecha)를 들 수 있습니다.

바롱은 사자춤을 뜻하며, 정의가 불의를 제압하는 내용입니다. 사자왕 케케트는 선(善)의 상징인 원숭이를 시종으로 데리고 있으며, 괴수 랑구라는 악(惡)을 나타내는 마녀(魔女)를 따르고 있습니다. 착함을 권장하고 악함을 벌준다는 내용의 무용이지만, 특이하게도 이 싸움은 어느 한쪽의 일방적 승리로 끝나지 않고 막을 내립니다. 결국 어느 사회에서든 선은 항상 악과 함께 존재한다는 세계관을 나타내고 있는 것입니다.

케차는 '원숭이 춤'이라고도 하는데, 보통 밤에 행해집니다. 이 춤의 마지막 장면에서 젊은이 100여 명이 두 손을 치켜들고 '케차, 케차'를 외치며 춤추는 모습은 매우 박력 있는 모습으로 유명합니다.

이 외에도 수많은 무용이 있지만 하나같이 가믈란을 반주로 삼고 있습니다. 이는 가믈란이 모두에게 통하는 인도네시아의 기본적 정신이기 때문입니다.

인도 영화에는 왜 흥겨운 음악이 등장할까?

79·80일째

"뮤지컬을 보는 것 같아."

인도 영화를 보는 사람들이 공통적으로 하는 말입니다. 대부분 인도 영화가 중간중간 흥겨운 춤과 노래를 보여 주는 까닭입니다. 내용적으로는 선한 사람이 처음에는 고생하지만 나중에는 악을 이겨 내고 행복해진다는 권선징악이 특징이지요. 그런데 왜 인도 영화에는 뮤지컬 같은 분위기의 노래와 춤이 반드시 등장할까요?

인도에는 12억 명이라는 많은 사람이 살고 있으며 지역별로 다양한 언어와 문화를 지니고 있습니다. 현재 수백 가지 언어가 있고, 18개 언어가 각각 18개 주의 공식 언어로 지정됐으며, 헌법에서 22개 언어를 인정하고 있을 정도입니다. 인도에서는 가장 많은 사람이 쓰는 힌디 어와 더불어 영어를 공용어로 사용하고 있지만, 여전히 다른 지역 사람끼리의 언어불통은 인도의 골칫거리이지요.

하여 인도 영화를 만드는 사람들은 힌디 어를 표준어로 쓰면서도 언어가 통하지 않는 지역 사람들에게 내용을 어떻게 전달할까 고심했습니다. 그 묘안으로 나온 것이 춤과 음악입니다. 춤이나 음악은 설명하지 않아도 상대에게 그 느낌이 곧바로 전달되는 힘을 갖고 있으니까요.

'어떤 음악을 써야 할까?'

인도의 경제력은 그다지 좋지 않아 많은 사람이 가난하게 삽니다. 그래도 그들은 웃음을 잃지 않고 긍정적으로 살아갑니다. 각기 고유의 신을 믿으면서 언젠가는 평화롭게 살 수 있으리라 믿고 있지요. 이 점을 감안하여 인도 영화는 흥겨운 음악과 차분한 음악을 적절히 사용합니다. 인생에 대해 진지하게 생각하는 장면에서는 명상 음악을 들려주고, 밝고 즐거운 장면에서는 흥겨운 음악을 들려줍니다. 또한 사람들이 지루해하지 않도록 이야기가 진행되는 중간중간 뮤지컬 같은 노래와 춤을 보여 주어 관심을 이끌어 내고 있습니다. 어떤 경우에는 뜬금없다 싶을 정도로 노래하고 춤추는 장면을 보여 주기도 합니다. 인도 사람들은 그런 장면들을 보면서 힘든 삶을 잠시 잊고 매우 즐거워합니다.

그렇다면 인도 음악의 특징은 무엇일까요?

사실 인도 음악은 그렇게 단순하지 않습니다. 고대 인도의 원주민 음악을 시작으로 성스러운 분위기의 브라만교, 힌두교, 이슬람교 따위 다양한 음악 문화를 받아들여 발전해 왔거든요. 다시 말해 인도 자체의 전통 음악에 서아시아와 유럽 음악을 뒤섞어 인도 특유의 음악을 만든 것입니다.

같은 맥락에서 인도 음악을, 전통 음악과 현대 음악 혹은 종교 음악과 대중음악으로 구분하기 어렵습니다. 왜냐하면 인도의 현대 음악은 전통 음악을 이어 가면서 외국 음악을 살짝 섞은 것이고, 대중음악은 종교 음악을 크게 벗어나지 않으니까요.

물론 지역에 따라 어느 정도 차이가 있으나, 인도 음악은 본질적으로 종교적인 수행이나 명상에 도움을 주기 위한 목적에서 행해졌습니다. 인도의 고전 음악은 힌두 사원의 예배 음악에 그 기원을 두고 있으며, 힌두 사원에서는 지금도 신도들에게 24시간 음악을 들려줍니다.

그러므로 인도 음악을 간단히 요약해서 설명하기는 힘듭니다. 그럼에도 불구하고 인도 음악의 특성이 있으니 바로 드론(drone)입니다. '드론'은 소리를 길게 끄는 지속음을 가리키며, 좀 더 전문적으로 설명하면 고성부에서 선율이 움직일 수 있도록 저성부에서 계속되는 지속음을 의미합니다.

♪아~아아~아~~~~~~~아~♪

　드론은 인도의 모든 음악에서 사용됩니다. 혼자 연주하는 독주이든, 여럿이 함께 하는 합주이든, 목소리로 노래 부르는 성악이든, 심지어 무용 음악에까지 드론이 쓰입니다. 분위기를 신비롭게 하는 중요한 음악적 요소이기 때문이지요. 인도 음악을 들을 때 어딘지 모르게 몽롱함이나 무아지경의 느낌이 들었다면 바로 드론의 효과입니다. 드론은 듣는 이로 하여금 명상이나 상상에 빠져들게 하는 역할을 합니다.

중국의 대표적 악기, 얼후

81·82일째

'중국 전통 악기인 얼후[二胡] 때문에 야생 구렁이 멸종 위기!'

2005년 중국의 한 신문이 보도한 기사 제목입니다. 얼후 소리가 구렁이를 못살게 굴어서 그랬을까요, 아니면 다른 이유가 있는 걸까요? 그 사연을 알려면 얼후가 어떤 악기인지를 살펴봐야 합니다.

얼후의 기원은 몽골 족이 원나라를 세워 중국을 지배했을 때 연주했던 마두금(馬頭琴)에서 찾을 수 있습니다. '마두금'은 육각(또는 팔각) 울림통에 두 줄을 길게 연결하고 맨 위에 말 머리 모양을 장식한 현악기입니다. 울림통은 말가죽으로 싸고, 줄은 말 꼬리털을 꼬아 만들었습니다.

"소리가 애절하면서도 서정적이네."

중국인은 그 마두금을 개량하여 새로운 악기를 만든 다음에 '호금(胡琴)' 혹은 '이호(二胡)'라고 불렀습니다. 호금은 '오랑캐 악기', 이호는 '두 줄 오랑캐'라는 뜻이며, 이호는 중국어로 '얼후'라고 합니다.

몽골 족은 말을 탄 상태에서 연주할 수 있도록 마두금의 두 줄 사이에 활을 걸쳐 놓고 활로 줄을 문질러 소리를 냈는데, 얼후 역시 같은 방식의 연주법을 택했습니다. 울림통도 마두금처럼 육각 혹은 팔각으로 만들었습니다.

다만 울림통을 마두금보다 작게 하고 울림통에 말가죽이 아니라 뱀 가죽을 씌웠습니다. 두 줄은 명주실을 꼬아 만들었습니다. 연주자가 활로 줄을 비비면 줄의 울림이 울림통에 전해지고, 울림통의 뱀 가죽이 진동하며 소리를 내는 구조였습니다.

그런데 왜 하필이면 뱀 가죽이었을까요? 그 이유는 대략 다음과 같이

추정할 수 있습니다. 중국인은 마두금을 개량할 때 중국 문화를 반영하고자 울림통 크기를 줄이면서 중국에서 흔한 동물 가죽을 택했습니다. 얼후에 사용되는 뱀 가죽은 검은색 꼬리 구렁이인데 중국 뱀 가운데 덩치가 가장 큽니다. 구렁이는 독을 가지고 있지 않습니다. 그 구렁이 가죽을 통해 나오는 음색이 중국인의 정서와 잘 맞았기에 얼후의 재료로 삼았으리라 생각됩니다.

'영혼의 울림을 주는 악기!'

중국인들은 얼후를 들으면서 위와 같이 생각했습니다. 때로는 감미롭고 때로는 슬픈 선율이 마음을 울리곤 했으니까요. 얼후는 두 줄의 단조로운 현악기라서 화려한 기교를 내기 힘들지만 낮고 깊은 울림은 마음을 깨끗하게 해 주는 듯한 기분을 느끼게 해 주었습니다.

"얼후는 중국인의 슬픈 정서를 그대로 표현하는 악기야."

얼후는 활로 줄을 끊임없이 비벼 울리기에 소리의 떨림이 강합니다. 하여 감정이 계속 오르내리듯 이어지게 만듭니다. 그 특성이 중국인을 사로잡아 얼후는 중국의 여러 공연에서 쓰였습니다. 베이징의 경극(京劇)은 물론 각 지역에서 펼쳐지는 공연에 광범위하게 얼후 음악이 연주됐습니다.

중국을 대표하는 악기가 여럿 있음에도 불구하고 얼후가 중국의 상징적 악기로 통하는 이유가 여기에 있습니다.

얼후는 20세기 들어 큰 변화를 맞이했습니다. 류텐화[劉天華, 1895~1932]라는 사람이 얼후의 줄을 바이올린처럼 쇠줄로 바꾼 것입니다. 류텐화는 얼후의 명연주자였는데 어느 날 바이올린 연주를 보고 큰 충격을 받았습니다. 바이올린에서 나오는 소리가 다양하고 화려했기 때문입니다.

"빠르게 자유자재로 연주하다니!"

류톈화는 그 원인을 분석한 결과 명주실로 된 줄에 문제가 있음을 발견했습니다. 류톈화는 쇠줄로 된 얼후를 제작하여 사람들에게 직접 연주 시범을 보였습니다. 현대적 얼후는 강철로 된 줄 덕분에 울림이 크고 소리도 높고 다양하게 나왔습니다. 반응이 매우 좋자, 류톈화는 연주 기법과 얼후 악보를 체계적으로 정리했습니다. 얼후를 배우려는 새로운 사람에게 도움을 주기 위함이었지요. 오늘날 류톈화는 '얼후의 아버지'라는 평가를 받고 있습니다.

한편 요즘 중국에서 얼후를 배우는 사람은 대략 백만 명 정도라고 하며, 그 수요를 감당하고자 구렁이 사냥이 계속되어 구렁이가 멸종 위기에까지 이르렀다고 합니다.

일본의 세 줄 현악기, 샤미센

83일째

　일본의 대표적인 악기는 샤미센[三味線]입니다. 전국 시대(15세기 중반부터 17세기 초까지 내란이 계속되던 시기) 이후 여러 공연 예술에서 샤미센이 항상 연주됐거든요. 민요 반주에도 즐겨 사용됐고요.

　'예술가'란 뜻의 일본 전통 기생 게이샤[藝者]는 문학에서부터 서예와 여러 악기까지 종합 예술을 배웠는데 샤미센을 제대로 연주할 줄 알면 '샤미센 선생[三味線師匠]'이라고 불렸습니다. 다시 말해 샤미센 선생은 예술에 통달한 게이샤를 의미했던 것입니다. 일본인에게 샤미센은 그만큼 격조 높은 악기로 여겨졌다는 이야기이지요.

　샤미센은 도구로 줄을 튕기는 세 줄 현악기로 색다른 모양과 소리를 냅니다. 악기 자체는 14세기 말엽 중국에서 건너왔습니다. 당시 중국의 세 줄 현악기 산시엔[三弦]이 오키나와에 전해졌고, 오키나와 사람들은 그걸 조금 개량해서 산신[三線]을 만들었습니다. '산신'은 세 줄 (현악기)라는 뜻입니다. 오키나와에서는 산신 울림통을 중국 산시엔처럼 뱀 가죽으로 감쌌습니다.

1562년 사카이라는 상인이 일본 오사카에 산신을 소개했으며, 오사카에서는 산신을 약간 고쳐 샤미센을 만들면서 고양이나 개의 가죽으로 울림통을 감쌌습니다. 오사카에서는 뱀 가죽을 구하기 힘들었던 까닭입니다. 하여 오키나와 산신과 일본 본토 샤미센은 같은 형태를 취하고 있지만 음색이 달라지게 됐습니다. 그 무렵 오키나와는 독립 국가였고, 19세기에 일본에 병합될 때까지 산신은 오키나와 음악의 전부라고 할 정도로 비중이 컸습니다.

일본은 샤미센을 만든 이후 적극적으로 그 연주를 즐겼습니다. 조선을 침략한 도요토미 히데요시가 만들게 한 샤미센이 지금까지 전해 오고 있는데 그 크기만 약간 차이 날 뿐 형태는 현재와 크게 다르지 않습니다.

샤미센은 민속 및 예술 음악에서 서정적인 노래의 반주 악기로 널리 쓰였으며 가부키(음악과 무용을 곁들인 일본 전통극)의 관현악단에서도 쓰였습니다. 이로써 샤미센은 일본을 대표하는 현악기가 되었습니다.

오사카 근처엔 얼씬도 않을 테야!

국악 악단에 지휘자가 없는 이유

84일째

서양 악단에서는 지휘자가 매우 중요한 사람으로 대접받습니다. 서양 관현악단에는 반드시 지휘자가 등장해서 연주를 이끌고, 지휘자의 능력에 따라 연주 분위기가 달라집니다. 때문에 유명한 어느 오케스트라의 지휘자가 되었다고 하면 그는 대단한 음악인으로 인정받은 것이라고 생각해도 틀리지 않습니다.

그런데 우리나라의 전통 음악 연주회에는 지휘자가 등장하지 않습니다. 왜 그럴까요?

서양인들은 질서를 중시합니다. 모든 일에 차례를 중시하고 순서에 따라 질서 정연하게 일합니다. 예컨대 공중화장실에 사람이 많을 경우 문밖에 한 줄로 서 있다가 한 사람이 나오면 기다리던 사람이 빈자리에 들어갑니다. 이에 비해 우리나라 사람들은 화장실 칸칸마다 뒤에 서서 운 좋으면 빨리, 운 나쁘면 늦게 볼일을 봅니다. 또 서양에서는 나이에 관계없이 새치기를 용서하지 않는 반면 우리 사회에서는 누군가 새치기하는 모습을 종종 볼 수 있습니다. 질서에 대한 생각이 어떠한지에서 비롯된 차이입니다.

음악도 마찬가지입니다. 서양 악단에서는 지휘자가 각각의 악기 연주자들이 조화로운 소리를 내도록 연주자들을 질서 정연하게 통제합니다. 이에 비해 우리 음악은 연주자 개개인의 자율을 중시합니다. 하여 연주자는 스스로 적당한 때에 알아서 소리를 냅니다. 궁중 음악에도 지휘자가 따로 없으며, 단지 집박(가끔씩 박자를 맞춰 주는 사람)이 연주자의 음악적 감성을 한데 모아 주는 상징적인 지휘자 역할을 함으로써 그 느리고 긴 음악을 훌륭히 연주해 냅니다. 민속악의 경우도 각 악기가 서로 다른 자유분방한 선율을 연주하면서 궁극적으로는 오묘한 음악적 조화를 이룹니다. 사물놀이에도 지휘자가 없지만 음악은 매우 흥겹고 즐겁습니다.

농악대는 왜 돌아다니면서 연주하나?

85일째

농악은 예로부터 우리 농민들 사이에서 전승되어 온 민족 오락입니다. 농악대는 여러 사람으로 구성되며, 장구·북·꽹과리·소고(작은북)·젓대(대금) 등 주로 타악기가 동원됩니다. 농악대가 놀이마당을 펼칠 때는 한 사람씩 나와서 단독 연기도 하지만 대부분의 경우 집단으로 놀이합니다. 그런데 왜 농악대는 돌아다니면서 연주할까요?

♪쨍쨍 꽤개개쨍쨍♬

농악은 한두 사람이 방 안에서 노는 놀이가 아니고 여러 사람이 넓은 뜰이나 들에서 춤추고 노래하며 노는 것이 특징입니다. 농번기(농사일이 바쁜 시기)에 농부들이 서로의 농작을 차례로 도와 가는 '두레' 일을 할 때에 힘을 돋우어 일의 능률을 올리고, 또한 애씀을 위로하고자 행하는 음악이기 때문입니다. 그러므로 농사짓는 곳 여기저기 돌아다니며 음악을 들려주는 것입니다. 신 나고 힘이 솟는 농악 놀이는 씩씩하고 활달한 우리 민족의 기질과 품격을 그대로 보여 줍니다.

옛적부터 전국 각 마을에는 농부들이 조직한 농악대가 있어서, 모심기 때나 제초(除草) 기간에 벌판 한가운데다 '농자천하지대본(農者天下之大本)'이라는 깃발을 세워 놓고 신 나게 풍악을 울렸습니다. 농악 놀이에서는 꽹과리를 치는 사람이 지휘자 역할을 하는데 그를 '상쇠'라고 합니다. 상쇠는 항상 대열 선두에 서서 악대를 여러 형태로 변형시키며 악곡의 변화도 꾀합니다. 상쇠는 머리에 상모를 단 전립(벙거지)을 씁니다. 상쇠는 상모를 앞뒤로 흔들기도 하고 뱅뱅 돌리기도 하여 재주를 부리며 춤을 추는데 이것을 '상쇠 놀이'라고 말합니다. 농악은 대개 음력 정월, 5월, 7월, 10월에 정기적으로 행해졌습니다.

RUSSIA
FINLAND
UKRAINE
KAZAKHSTAN
MONGOLIA
UZBEKISTAN
KYRGYZSTAN
TURKMENISTAN
TAJIKISTAN
N. KOREA
GREECE
TURKEY
CHINA
SYRIA
IRAQ
IRAN
AFGHANISTAN
EGYPT
SAUDI
ARABIA
PAKISTAN
NEPAL
BHUTAN
INDIA
OMAN
BURMA
CHAD
SUDAN
YEMEN
THAILAND
VIETNAM
ETHIOPIA
C.A.R.
SOMALIA
SRI
LANKA
MALAYSIA
UGANDA
KENYA
ZAIRE
TANZANIA
SINGAPORE
I N D O N
ZAMBIA
MALAWI
COMOROS
Indian Ocean
MOZAMBIQUE
MADAGASCAR
MAURITIUS
BOTSWANA
SWAZILAND
SOUTH
AFRICA

4 그 밖의 예술 이야기

· 동굴 벽화의 동물 머리가 오른쪽 방향인 까닭
· 고구려인이 고분 벽화를 그린 이유
· 아름다운 풍경을 '한 폭의 수채화'라고 하는 연유
· 즉석 초상화 재료로 왜 파스텔을 많이 쓸까?
· 크레파스가 크레용과 다른 점은 무엇일까?
· 민화 '까치와 호랑이'는 무슨 의미일까?
· 화가들이 누드화를 많이 그리는 이유
· 선비들은 왜 사군자를 그렸을까?
· 타악기, 관악기, 현악기 중 가장 먼저 생긴 악기는?
· 아카펠라란 무엇인가?
· '도레미파솔라시'는 누가 만들었을까?
· 음악 콘서트는 언제부터 시작됐을까?
· 음악 경연 대회를 '콩쿠르'라고 하는 이유
· 클래식은 왜 지루할까?
· 〈아리랑〉은 왜 전국마다 가사가 다를까?

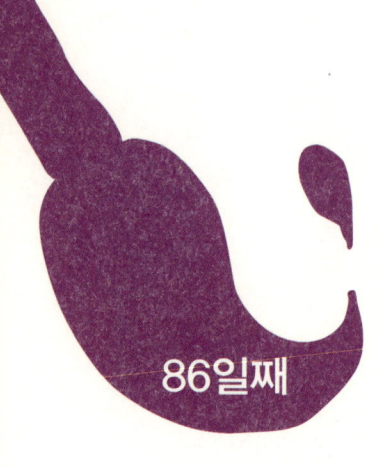

86일째

동굴 벽화의 동물 머리가 오른쪽 방향인 까닭

"여기에 그리면 되겠어."

인류 최초의 그림은 동굴에 그려진 벽화입니다. 원시인들은 검은색 또는 붉은색 점토로 된 석필석(石筆石)으로 동굴 벽에 여러 동물을 그리곤 했거든요. 이때 그림의 주된 소재는 사냥감 동물 아니면 두렵고도 무서운 맹수였습니다. 벽에 그림을 그리는 것은 쉽지 않은 일이었습니다. 그럼에도 불구하고 원시인들은 왜 힘들게 벽화를 그렸을까요?

"무사히 많이 잡을 수 있기를!"

선사 시대 사람들이 다투어 동굴 벽화를 그린 가장 큰 이유는 '행운'을 기원하기 위함입니다. 먹거리를 구하기 힘들었던 원시인들은 사냥 성공과 사냥꾼의 무사함을 기원하며 동굴 벽에다 그림을 그렸던 것입니다. 다시 말해 들소나 사슴은 주요 식량원인 까닭에 많이 잡기를 기원한 것이고, 맹수나 거대한 동물은 두려움의 대상인 만큼 사냥꾼의 무사함을 바라며 그렸습니다.

그런데 오늘날 남아 있는 원시 시대 동굴 벽화를 자세히 살펴보면 대부분 동물 머리가 오른쪽 방향으로 돼 있습니다. 왜 그럴까요? 그 비밀은 '왼손잡이'에 있습니다. 선사 시대에 벽화를 그린 사람들은 대부분이 왼손잡이였고 많은 그림이 왼손으로 그려졌던 것입니다.

그렇다면 왼손잡이라는 점은 어떤 근거로 판단할 수 있을까요? 그것은 사람의 일반적 습관 및 특성에서 미루어 추측합니다. 즉 얼굴 옆모습을 그릴 때 오른손잡이인 사람이 그리면 왼쪽 방향의 옆얼굴 쪽이 되기 쉬운 데 비해, 왼손잡이가 그리면 그 반대로 되는 경향이 있습니다. 따라서 이 기준을 적용하면 원시인들의 왼손잡이, 오른손잡이 여부를 쉽게 판별할 수 있는 것입니다. 이 기준을 적용하면 원시 시대 동굴 화가들은 대부분 왼손잡이였음을 알 수 있습니다.

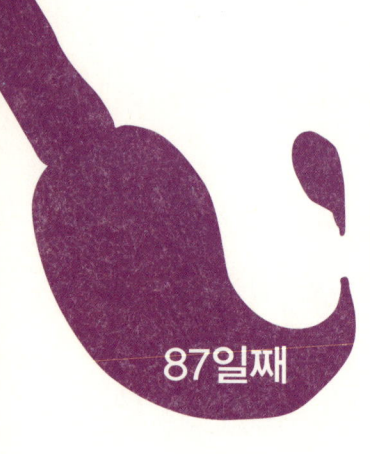

87일째

고구려인이 고분 벽화를 그린 이유

고구려인은 4세기경부터 우리나라 고대 미술의 발전에 앞장섰습니다. 그들은 벽돌을 차곡차곡 쌓아 웅장한 왕릉을 만드는가 하면 그 왕릉 안쪽 벽과 천장에 그림을 그려서 뛰어난 미술을 과시했습니다.

고구려 왕릉은 오래되었기에 '고분(古墳, 오래된 무덤)'이라고도 하는데 고분 벽화에 고구려의 예술성이 가득 담겨 있습니다. 하여 고구려 고분 벽화는 고구려 예술의 상징처럼 여겨지고 있습니다. 그런데 왜 고구려인은 고분에 벽화를 그렸을까요?

오늘날 '고구려 고분'이라 하면 고구려가 통치했던 지역에 있는 큰 규모의 무덤을 일컫습니다. 고구려 고분은 압록강과 대동강 유역에 밀집되어 있는데, 이곳은 고구려의 수도와 가까운 곳입니다. 또한 고구려 고분은 서민 무덤이 아니고, 모두 국왕 아니면 귀족의 무덤입니다.

"저승에서도 영광을 누리소서."

무덤에 벽화를 장식한 이유는, 죽은 사람의 명복(죽은 뒤의 행복)을 빌고자 하는 데 있습니다. 다시 말해 죽은 후의 세계에서도 살아 있을 때처

럼 권세와 영광을 계속하여 누리기를 바라면서 벽화를 장식한 것입니다. 그런 까닭에 춤을 추는 무용도(舞踊圖), 씨름하는 역사도(力士圖), 악기를 연주하는 주악도(奏樂圖), 사냥하는 수렵도(狩獵圖) 따위와 같이 활달한 그림들을 그렸고, 오래도록 색깔이 변하지 말라고 프레스코 기법으로 장식했습니다.

또한 고구려인은 불교를 받아들인 이후에는 고분 벽화에 불교 문양을 그려서 부처님의 보호를 기원했으며, 고구려인이 추구하는 이상적인 세계가 무엇인지 나타냈습니다.

"화살을 쏘아 사슴과 호랑이를 사냥했구먼."

고분 벽화 가운데 색채가 가장 아름다운 벽화는 무용총(舞踊塚) 벽화입니다. 무용총은 고구려 초창기 도읍이었던 퉁거우[通溝]에 있습니다. 그 유명한 수렵도나 역사도도 무용총 안에 그려져 있습니다. 우리는 이런 벽화 덕분에 고구려인이 검소하고, 무술을 숭상하며, 말 타고 활쏘기에 능숙했다는 사실도 확실히 알 수 있습니다.

아름다운 풍경을 '한 폭의 수채화'라고 하는 연유

88일째

와~! 따뜻한 색이, 차가운 색으로 바뀌는구나!!

난 물~! 우리가 섞이면?

난 따뜻한 색.

195

《지와 사랑》, 《데미안》 등으로 유명한 독일 작가 헤르만 헤세는 한때 엘렌 세퍼라는 플루티스트를 좋아하여 연주회장을 따라다닌 적이 있습니다. 그러나 헤세는 그녀를 좋아한다는 표시를 적극적으로 하지 못했으며, 사랑의 속삭임 대신에 자신이 그린 수채화에다 마음 담긴 시를 써서 보내곤 했습니다. 그런데 '수채화'란 무엇일까요?

　'수채화(水彩畵)'는 아라비아고무를 이용해서 만든 그림물감을 물에 개어 그리는 회화 기법을 일컫는 말입니다. 수채 물감의 특징은 투명성에 있습니다.

　유화를 그릴 경우 화가는 자신이 원하는 결과를 얻을 때까지 하나의 색채 위에 다른 불투명한 색채를 덧칠하고, 흰색마저 불투명한 흰색 물감으로 캔버스에 그립니다. 이에 비해 수채화는 정반대로 그립니다. 예컨대 흰색을 표현할 경우 하얀 물감을 칠하지 않고 종이의 흰 면을 남겨 두며, 어두운 색은 튜브에서 짜낸 물감을 그대로 쓰거나 물을 섞어서 씁니다. 다시 말해 수채화는 어떤 색을 칠하든 종이의 느낌이 그대로 드러납니다.

　물감에 물을 많이 섞을수록 종이가 색채에 미치는 영향이 커진다는 것도 수채화의 또 다른 특징입니다. 이를테면 따뜻한 색 계통인 주홍색은 물을 많이 섞어서 칠할 경우 차가운 색 계통인 분홍색으로 변합니다. 물감에 물을 많이 섞을수록 차가운 물의 특성이 그에 비례하여 반영된다는 이야기이지요. 이렇듯 수채화는 해맑은 느낌 때문에 풍경화를 그릴 때 많이 사용됩니다.

　수채화는 종이 보급과 더불어 15세기경 시작되었고, 독일 화가 알브레히트 뒤러에 의해 본격적으로 시도됐습니다. 17세기에는 여러 화가가 풍경을 주제로 한 수채화를 잇달아 선보였으며, 18세기 후반부터 19세기에 걸쳐 영국에서는 수채화의 황금시대가 열렸습니다.

  요컨대 수채화는 투명한 색채로 잔잔한 아름다운 풍경을 표현하기에 아주 알맞습니다.

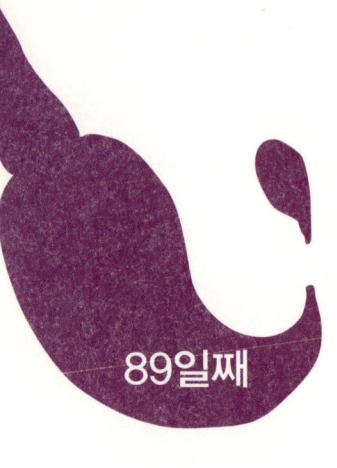

즉석 초상화 재료로 왜 파스텔을 많이 쓸까?

89일째

'파스텔(pastel)'은 막대 형태로 된 드로잉 재료를 뜻하는 말입니다. 파스텔로 선(線)을 그은 다음 손으로 살짝 문지르면 색이 번집니다. 때문에 파스텔로 형태만 그리면 드로잉으로 분류되며, 넓게 문질러 펴면 회화의 한 종류로 여겨집니다. 그런데 파스텔은 즉석 초상화 재료로 많이 사용됩니다. 왜 그럴까요?

파스텔을 사용해 본 사람이면 누구나 손에 가루가 묻었던 일을 경험했을 것입니다. 그렇습니다. 파스텔은 가루를 뭉쳐서 막대 형태로 만들어 놓은 그림 재료입니다. 그런 까닭에 파스텔로 그림을 그리면 가루들이 종이에 퍼져 나가면서 손에도 묻게 됩니다.

파스텔을 종이에 묻히면 산뜻하고 밝은색을 내며, 또한 색이 잘 변하지 않으므로 최종적인 효과를 즉시 볼 수 있습니다. 다시 말해 유화나 수채화는 물감이 마르기까지 어느 정도 시간이 걸리지만, 파스텔은 물감이 마르는 시간이 필요치 않기에 형태를 그리고 문지르면 그것으로 모든 작업이 끝납니다. 다만 파스텔은 종이에 물감처럼 스며든 것이 아니라 표면 위에 색채 가루가 얹혀 있는 것이기에, 유리 액자 또는 아교풀이나 고무로 만든 정착액을 뿌려 보호하지 않으면 쉽게 지워지는 단점이 있습니다.

파스텔은 16세기에 이탈리아 북부에서 처음 등장했고, 새로운 그림 재료로 호평을 받았습니다. 파스텔이 가장 널리 사용된 시기는 18세기였는데 당시에는 주로 초상화에 사용됐습니다. 파스텔의 화려하고 부드러우며 맑고 밝은 색채가 인물을 멋지게 보이게 해 준 까닭입니다.

오늘날에도 파스텔은 초상화를 그리는 재료로 많이 쓰이며, 유적지나 유원지에서 즉석 초상화를 그려 주는 화가들은 대개 파스텔을 사용합니다. 물감 마르기를 기다릴 필요가 없기 때문입니다.

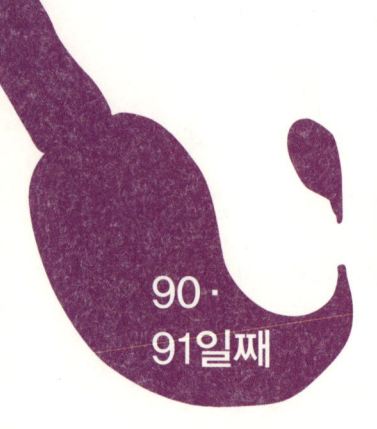

크레파스가 크레용과 다른 점은 무엇일까?

90·91일째

 '크레용(crayon)'은 소묘(素描, 사물의 형태와 명암을 위주로 그린 그림)에 쓰이는 재료를 뜻하는 말로서, '연필'을 뜻하는 고대 프랑스 어 '크레이에(craie)'에서 유래했습니다. 서양에서는 어린이들이 그림을 배울 때 처음에 대부분 크레용을 사용하며, 유치원이나 초등학교에서 많이 씁니다. 그렇다면 학교에서 어린이들에게 그림 재료로 크레용을 많이 쓰게 하는 이유는 무엇일까요?

 크레용은 보통 찰흙·초크(분필)·흑연(광택이 있는 검은색 결정체)·안료(색깔 있는 가루)·밀랍(벌집을 뜨거운 물에 녹여 틀에 넣어 굳힌 물질) 등으로 만들며 원통 모양으로 돼 있습니다.

 크레용은 용도상 크게 '채색 크레용'과 '초크 크레용'으로 나뉩니다. 채색 크레용은 초등학생들이 그림 그릴 때 사용하는 것으로, '왁스 크레용'이라고도 합니다. 채색 크레용은 보조 손잡이 없이 사용되며, 문질러 그림을 그리는 동안 완전히 사라집니다. 초크 크레용은 교실 칠판에 사용하는 것으로, 흔히 '분필'이라고 말합니다. 재봉사나 목수들도 선을 그리거나 표시를 할 때 초크 크레용을 많이 씁니다.

"어린이 여러분, 예쁜 그림을 그려 볼까요?"

"네!"

유치원이나 초등학교에서 크레용을 많이 쓰는 이유는 연필처럼 사용이 간편하면서 색채가 분명한 데 있습니다. 일반적으로 어린이들은 빨강·노

랑·파랑의 삼원색(三原色)처럼 진하고 분명한 색을 좋아하는데, 크레용은 삼원색뿐 아니라 다른 색도 진하게 나타냅니다. 또 손에 잘 묻지 않으므로 주의 산만한 어린이가 사용하기에 적당합니다. 다만 색채가 진한 까닭에 덧칠 효과를 기대하기는 어렵습니다.

♬우리 아빠가 다정하신 모습으로 한 손에는 크레파스를 사 가지고 오셨어요!♪

위와 같은 노래 가사에서 알 수 있듯, 크레용과 비슷한 그림 재료로 크레파스가 있습니다. 크레파스도 크레용과 더불어 초등학교에서 많이 쓰입니다. 우리나라와 일본의 경우 크레용보다 크레파스를 더 많이 씁니다. 크레용과 크레파스를 헷갈려 하는 사람도 있으나, 이 두 가지는 분명히 다릅니다. 어떻게 다를까요?

'크레파스'라는 이름으로 통용되고 있는 그림 도구의 정식 명칭은 '오일 파스텔(Oil Pastel)'입니다. '기름기 있는(광택이 나는) 파스텔'이란 뜻입니다.

크레용의 장점은 색채가 선명하고 광택이 나는 것이지만 단점은 촉감이 좋지 않고 덧칠이 곤란하다는 것입니다. 이에 비해 파스텔의 장점은 색조가 아름답다는 것이고, 단점은 광택이 없고 화면에 칠했을 때 부스러기가 떨어진다는 것입니다.

"덧칠할 수 있는 크레용을 만들어 볼까."

이에 일본에서 크레용과 파스텔의 특색을 조합시킨 그림 도구를 만들어 냈는데, 그것이 바로 '크레파스(craypas)'입니다. 1926년 일본의 사쿠라 상회는 크레용과 파스텔의 중간 성질을 따서 만든 그림 도구를 개발하면서 크레용(crayon)과 파스텔(pastel)의 앞 글자 일부만을 따서 크레파스라는 브랜드를 만들었습니다.

"새로 나온 크레파스 하나 주세요."

그런데 이 품목이 크게 인기를 끌면서 크레파스가 특정 회사의 브랜드로 인식되기보다는 어느덧 오일 파스텔 제품을 가리키는 보통 명사로 굳어졌습니다.

크레파스는 크레용과 파스텔의 장점만을 따서 새로 만들어 낸 그림 도구로, 크레용보다 부드럽고 어느 정도까지는 색을 덧칠할 수 있습니다. 다만 크레용보다 광택이 적게 나며, 손에 잘 묻는 단점이 있습니다.

민화 '까치와 호랑이'는 무슨 의미일까?

92일째

"기쁜 소식은 많이 오고,"

"액운은 물러가라!"

"호랑이와 까치를 어째서 같이 그렸을까?"

우리나라 전통 민화를 보면 호랑이 한 마리와 소나무 위에 앉은 까치 한 마리를 같이 그린 것이 무척 많습니다. 어떤 호랑이는 무섭게 생겼고 어떤 호랑이는 익살스럽게 생겼다는 차이는 있지만 기본적으로 까치와 호랑이를 함께 등장시켰다는 점만은 공통적입니다.

왜 그랬을까요?

우선 '민화(民畵)'라는 말부터 알아볼까요. 민화는 이름이 알려지지 않은 화가가 그린 대중적인 그림을 의미합니다. 그림의 격조가 높지는 않지만 나름대로 어떤 의미를 지니고 있습니다. 민화는 장식용 그림인 동시에 행운을 기원하는 실용 미술품이었거든요.

"집 안에 나쁜 잡귀는 못 들어오고 좋은 소식만 들어오기를!"

이와 같이 민화는 부적의 의미를 지녔습니다. 하여 민화라 하더라도 그림 종류에 따라 걸어 두어야 할 장소가 정해져 있었습니다. 예컨대 문이나 현관에는 호랑이·청룡·닭·개·매 등 동물이나 을지문덕 등 힘과 위엄을 갖춘 무관(武官) 그림을 걸었습니다. 대문이나 방문은 사람뿐 아니라 귀신도 드나드는 통로로 여긴 까닭에 잡귀를 막기 위해서였습니다. 설날 새벽에는 특별히 '까치와 호랑이 그림'을 대문에 액막이 부적으로 붙여 놓았습니다. 까치는 기쁜 소식을 상징하고 호랑이는 액운 퇴치를 상징하는 까닭입니다.

이에 비해 여자들의 공간인 안방에는 화조도(花鳥圖) 혹은 연꽃 및 석류 그림을 걸어 놓았습니다. 꽃과 새를 그린 화조도는 부부 화합을 상징하고, 연꽃과 함께 그린 연밥의 촘촘한 씨앗은 많은 아들을 상징하며, 석류의 씨앗도 많은 아들을 상징합니다. 옛날에는 아들 많이 낳는 것을 행복으로 여겼기에 그런 그림을 즐겨 걸어 놓았답니다.

그런가 하면 주인 남자의 거처인 사랑방(오늘날의 서재)에는 책거리 그림이나 십장생도 또는 잉어 그림을 걸어 놓았습니다. 책거리는 학문을 상징하고, 십장생은 장수를 상징하며, 잉어는 신분이 상승하는 출세를 상징합니다.

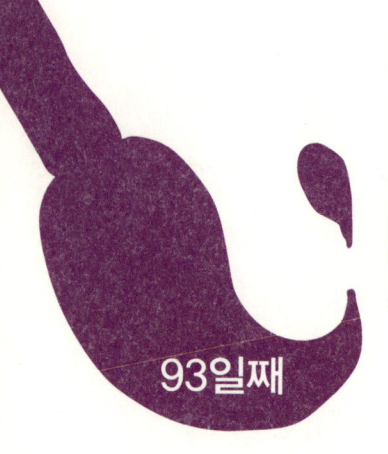

화가들이 누드화를 많이 그리는 이유

93일째

미국 심리학자 헤스는 사람들이 어떤 것을 볼 때 눈동자가 크게 되는지 실험했습니다. 그 결과 남성은 여성 누드 사진을 볼 때, 여성은 남성 누드나 아기 사진을 보았을 때 눈동자가 가장 크게 열린다는 사실을 발견했습니다. 이처럼 누드는 사람들의 가장 큰 관심을 끌고 있습니다. 그렇다면 화가들이 누드화를 많이 그리는 이유는 무엇일까요?

'벌거벗은 육체'라 하더라도 영어에서 '네이키드(naked)'와 '누드(nude)'는 그 의미가 다릅니다. '네이키드'는 단순히 벌거벗은 상태를 뜻합니다. 옷을 목욕하고자 벗었든, 더워서 벗었든 간에 그런 알몸을 네이키드라고 합니다.

이에 비해 '누드'는 알몸 상태가 보여 주는 예술적 아름다움을 뜻합니다. 즉 인체의 예술적 아름다움을 풍기고자 드러낸 알몸을 누드라고 합니다. 실제로 누드라는 단어는 18세기 초 일부 미술 비평가들이 다음과 같은 사항을 널리 알리고자 만들었습니다.

"알몸 인체는 항상 예술의 중심 주제입니다."

지구상 최초의 누드 모델은 그리스 신화에 나오는 태양신 아폴론입니다. 고대 그리스 인은 아폴론이 이 세상에서 가장 완벽한 아름다움을 갖춘 남성이라고 믿었기에 그의 몸매를 가장 아름답게 묘사했습니다. 아폴론은 주로 조각상으로 만들어졌습니다.

그림으로는 아프로디테가 최초의 누드 모델입니다. 아프로디테도 그리스 시대에는 조각상으로 만들어졌지만, 로마 시대 이후 점차 그림 소재로 다루어졌습니다. 로마 신화의 비너스는 그리스 신화의 아프로디테 여신과 같은 신인데, 〈비너스의 탄생〉은 비너스의 누드를 그린 유명한 그림입니다. 르네상스 시대 이후 화가들은 벗은 몸에 대한 사회적 금기를 깨뜨리면서 동시에 인체의 아름다움을 표현하고 싶어서 누드화를 많이 그렸습니다.

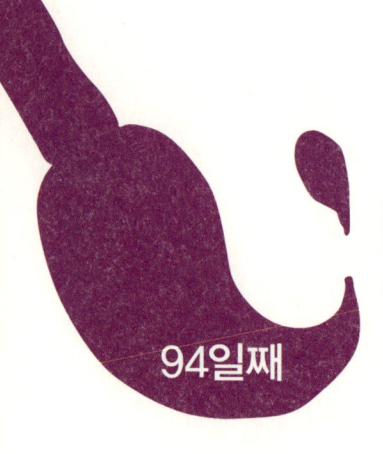

선비들은 왜 사군자를 그렸을까?

94일째

'사군자화(四君子畵)'는 중국과 우리나라의 대표적 그림입니다. '사군자'는 매화, 난초, 국화, 대나무를 일컫는 말입니다. 그런데 사군자는 흔히 '매란국죽(梅蘭菊竹)'의 순서로 말해지곤 합니다. 왜 그럴까요?

결론부터 말하자면 '매란국죽'은 사계절을 의미합니다. 봄의 매화, 여름의 난초, 가을의 국화, 겨울의 대나무를 그린 것이거든요. 또한 사군자는 네 방향을 나타내기도 합니다. 음양오행에서 봄은 동쪽, 여름은 남쪽, 가을은 서쪽, 겨울은 북쪽인데, 네 식물이 사계절을 상징하니까요. 이에 비해 시간적 변화를 의미할 때는 '매란국죽'이라 말하고, 네 방향의 공간적 불변을 말할 때는 남북동서의 순서에 따라 '난죽매국'이라 말합니다. 따라서 사군자화는 각 방향의 고유한 기운과 그 기운이 가득 퍼진 계절을 상징하는 그림이기도 합니다.

사군자라는 명칭은 명(明)나라 때 생겼습니다. 매화는 이른 봄의 추위를 무릅쓰고 가장 먼저 꽃을 피우고, 난초는 여름에 은은한 향기를 멀리까지 퍼뜨리고, 국화는 늦은 가을에 첫추위를 견디며 피고, 대나무는 추운 겨울에도 푸른 잎을 계속 유지한다는 각 식물 특유의 장점을 군자(君子; 학식이 높고 행실이 어진 사람) 인품에 비유하여 사군자화를 그리게 된 것입니다.

"그 고결함이 군자와 같도다."

유교를 공부하는 학자나 선비들은 사군자화를 보면서 군자가 되기 위해 노력했습니다. 같은 맥락에서 문인들이 사군자화를 즐겨 그렸습니다. '시서화(詩書畵, 문장·글씨·그림) 실력이 곧 인품'이란 생각에 사군자화를 그리고 거기에 의미 있는 글을 적곤 했습니다. 다시 말해 글도 잘 짓고 글씨도 잘 쓰면서 그림도 잘 그려야 완전한 인품을 갖추었다고 여기는 풍토가 문인들로 하여금 사군자화를 그리게 한 것입니다.

타악기, 관악기, 현악기 중 가장 먼저 생긴 악기는?

95일째

타악기는 북, 징처럼 두드려서 소리 내는 악기를 뜻합니다. 나무, 가죽, 쇠붙이 따위로 만듭니다. 관악기는 관(管, 대롱) 속의 공기를 진동시켜서 소리 내는 악기입니다. 현악기는 현(絃, 줄)의 진동에 의해 소리 내는 악기입니다. 그렇다면 타악기, 관악기, 현악기 중 가장 먼저 생긴 악기는 무엇일까요?

"툭투둑!"

인류 최초의 악기는 타악기입니다. 막대기로 아무거나 두들겨도 소리 나는 까닭에 타악기가 가장 먼저 생겼습니다. 특히 북은 아주 오랜 옛날부터 멀리 떨어진 사람에게 소리로써 신호를 전하는 통신 수단이자 하늘과 통하는 신성한 접촉 수단으로 사용됐습니다. 관악기와 현악기의 생성 시기는 정확히 알 수 없으나 비슷한 시기에 생겼을 것으로 추정됩니다.

분명한 사실은 사냥용 활이 인류 최초의 현악기였다는 점입니다. 귀가 민감한 고대인은 활이 내는 미세한 소리를 듣고 악기로 사용했습니다. 그 뒤 어느 정도 길이의 줄을 몇 개 사용할 것인지, 어떻게 해서 팽팽하게 할 것인지, 소리를 확대하기 위해 어떻게 할 것인지 등등 지속적으로 연구하여 현악기를 발전시켰습니다.

관악기는 새소리를 흉내 내기 위한 과정에서 탄생했습니다. 풀잎을 입에 물고 소리 내기도 하고, 속이 빈 나무 대롱을 불어서 소리 내기도 했습니다. 때로는 소라 껍데기를 불거나 큰 짐승의 뼈에 구멍을 내어 소리 내기도 했습니다.

이렇게 하여 피리가 생겼으며, 관 속의 공기를 진동시켜 소리 내는 악기를 관악기라 하게 됐습니다. 또한 같은 맥락에서 부는 악기만이 아니라 오르간, 아코디언처럼 바람을 이용하는 악기도 관악기라 합니다.

타악기의 발견

현악기의 발견

관악기의 발견

아카펠라란 무엇인가?

96일째

킹스 싱어스는 영국의 6인조 남성 중창단입니다. 이들은 세계를 순회공연하며 〈데니 보이〉, 〈한 떨기 장미꽃〉 등 영국 민요와 비틀스 노래, 미국 민요와 팝송, 브로드웨이 명작들을 노래했으며, 많은 음반을 출시했습니다. 이들은 아카펠라(a cappella) 음악으로 유명한데, '아카펠라'란 무슨 뜻일까요?

아카펠라는 이탈리아 어로 '교회 양식으로'라는 뜻이며, 교회 또는 성당에서 악기 반주 없이 불리는 합창 음악을 가리키는 말입니다. 원래 예배용으로 교회 합창 음악에만 적용됐으나, 오늘날에는 세속 음악에도 쓰이고 무반주 노래를 통칭하는 용어로 쓰이고 있습니다. 다시 말해 아카펠라는 악기 없이 사람 목소리만으로 부르는 합창곡입니다.

아카펠라는 15세기 말 처음 등장하여, 16세기 말 바티칸의 시스티나 성당을 위해 작곡한 음악에서 절정을 이루었습니다. 여러 사람이 화음을 이룬 합창이 순수하면서도 경건한 분위기를 자아냈기 때문입니다.

"악기 반주가 있으면 더 듣기 좋겠어."

그러나 아카펠라 음악은 17세기에 이르러 성악 성부(聲部, 음의 높고 낮은 부분)뿐 아니라 기악 성부도 악보에 기록하는 칸타타 음악에 자리를 내주게 됐습니다. '칸타타'란 악기 반주에 맞춰 노래하는 독창, 중창, 합창을 뜻하는 말입니다. 아무래도 악기는 목소리보다 화려한 소리를 내므로 아카펠라를 밀어낸 것이지요.

하지만 아카펠라는 20세기 중엽에 다시 화려하게 부활했습니다. 1968년 영국 케임브리지 대학 킹스 칼리지 출신의 남성 여섯 명이 '킹스 싱어스'를 조직하고는 영국 민요와 비틀스 노래들을 목소리만으로 불렀는데, 이 노래들이 큰 인기를 끌었습니다. 킹스 싱어스는 우리나라에도 찾아온 바 있습니다.

'도레미파솔라시'는 누가 만들었을까?

97일째

〈사운드 오브 뮤직〉은 오스트리아의 한 가정 실화를 바탕으로 하여 만들어진 음악 영화입니다. 이 영화는 내용도 감동적이지만, '도·레·미' 계명에 맞춰 아이들이 일어섰다 앉았다 하는 〈도레미송〉과 노래 대회에서 가족이 〈에델바이스〉를 합창하는 장면이 매우 인상적입니다. 그런데 '도레미파솔라시'라는 7음 음계는 누가 만들었을까요?

'음계(音階)'란 일정한 음정(音程, 두 음 사이의 간격) 순서로 소리를 차례로 늘어놓은 것을 말합니다. 다시 말해 어떤 기준 음(으뜸음)을 시작으로 음을 차례차례 정해진 간격으로 늘어놓은 것이 음계입니다. 서양 음악은 7음계를 기초로 합니다.

'도레미파솔라시'라는 계명은 11세기 무렵 이탈리아의 구이도 다레초(Guido d'Arezzo)라는 음악가가 각 음계마다 이름 붙일 필요성을 느껴 만들어 냈습니다. 당시 그는 〈성 요한 찬가〉의 처음 여섯 시구 중 첫음절에서 ut(우트), re(레), mi(미), fa(파), sol(소), la(라)라는 계명을 착안했습니다. 그 후 ut는 '주님, 하느님'이란 뜻의 Dominus를 줄인 do(도)로 바뀌었고, si(시)가 추가되었습니다. 12세기에는 우트, 파, 솔과는 다른 음표가 일부 사용되기도 했지만 17세기 루이 14세 통치 시절에 다레초의 음계가 확고히 정해졌습니다.

우리나라에는 조선 시대 실학자 이규경(1788~?)에 의해서 서양 7음계가 소개됐습니다. 그는 '구라철사금자보'라는 책에서 서양의 7계명을, 도(鳥, 새 조)·레(勒, 굴레 륵)·미(鳴, 울 명)·파(乏, 가난할 핍)·솔(朔, 초하루 삭)·라(拉, 꺾을 랍)·시(墀, 섬돌 지)라고 설명했습니다.

음악 콘서트는 언제부터 시작됐을까?

98일째

'콘서트(concert)'는 음악회 또는 연주회를 뜻합니다. 이 말은 '함께(con-) 토론으로 결정한다(certare)'라는 뜻의 라틴 어 콘케르타레(concertare)에서 유래됐습니다. 즉 여러 사람이 모여 어떤 일을 해 나가던 것이 콘서트였으며, 주로 음악가들이 함께 모여 연주했으므로 음악 용어가 됐습니다. 그런데 콘서트는 언제 시작됐을까요?

17세기 말엽 독일 북부의 뤼베크에는 덴마크 출신의 오르간 연주자 북스테후데가 작곡 및 연주로 크게 이름을 떨치고 있었습니다. 그는 1688년부터 장크트마리아 교회 오르간 연주자로 일했는데, 그의 연주를 들으려는 사람이 많아지자 독특한 아이디어를 생각해 냈습니다.

"입장료를 받고 연주를 들려주면 어떨까?"

여러 연주자와 함께 돈을 받고 연주를 들려주고자 한 것입니다. 그리하여 저녁이면 돈을 받고 입장객을 받아들이고 유료 연주회를 개최했습니다. 오늘날의 음악 콘서트는 바로 여기에서 시작됐습니다. 이 콘서트는 당시 '저녁의 음악'이라 불렸습니다.

"연주 분위기가 정말 대단하다 하네."

무척 큰 화제를 모았기에 20세였던 요한 제바스티안 바흐는 300킬로미터나 되는 길을 걸어갔으며, 게오르크 프리드리히 헨델도 연주회를 찾아갔습니다. 젊은 바흐와 헨델은 모두 북스테후데의 후계자가 되기를 원했습니다. 하지만 북스테후데의 딸 중 한 명과 결혼해야 한다는 조건 때문에 포기하고 말았습니다.

야외 콘서트는 1732년 5월 런던에서 처음 열렸으며 이후 콘서트는 유럽 전역에서 성행했습니다. 오늘날에는 고전 음악 콘서트 못지않게 대중음악 콘서트도 활발하게 열리고 있으며, 이따금 가난한 사람들을 위한 자선 콘서트가 열려 인류애를 호소하기도 합니다.

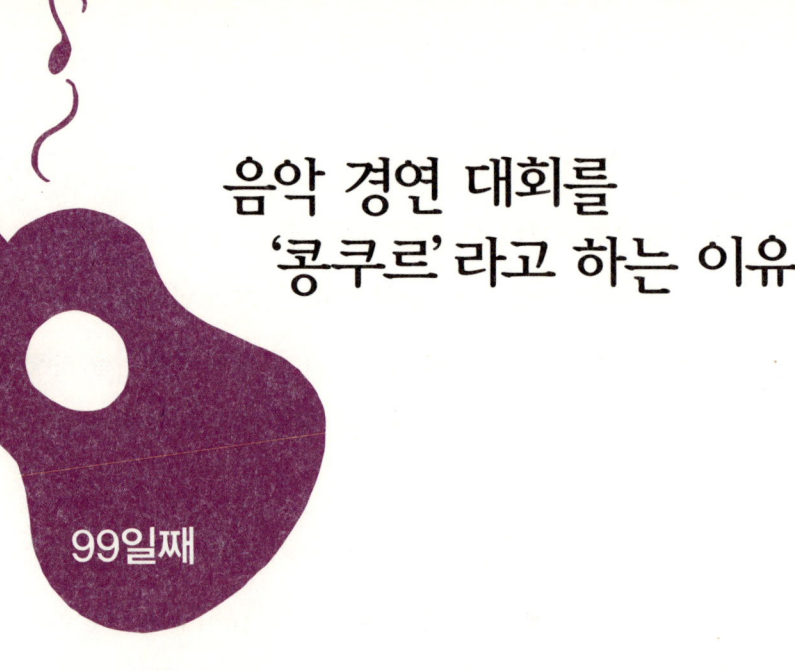

음악 경연 대회를 '콩쿠르'라고 하는 이유

99일째

로마 제국의 황제 네로는 시인이자 음악가였으며, 지방을 순회한 최초의 예술가였습니다. 노래 경연 대회에 참가하여 언제나 우승했으며, 그리고 확실히 승리하기 위해 자기에게 박수를 보내는 수천 명의 박수 부대를 항상 거느리고 다녔습니다. 그런데 연주 또는 노래 경연 대회를 프랑스 어 '콩쿠르'로 부르는 이유는 무엇일까요?

'콩쿠르(concours)'는 음악, 미술, 영화 등을 장려하기 위하여 여는 경연회를 뜻하는 말입니다. 예컨대 피아노 콩쿠르는 피아노 연주실력을, 가요 콩쿠르는 노래 실력을 겨루는 경연회입니다.

"이 정도면 사람들이 감탄할 거야."

예부터 사람들은 자기 실력을 뽐내고자 하는 마음이 강했습니다. 그런데 누군가 혼자 탁월한 실력을 지녔다면 별문제가 없지만 비슷한 실력을 지닌 사람이 많을 경우 그것을 어떻게 평가해야 올바른가 하는 문제가 생깁니다. 연주 경연회는 바로 그 '평가'를 위해 탄생했습니다.

고전 음악 경연회는 음악 양식이 어느 정도 자리 잡은 17세기를 기점으로 활발하게 전개됐으며, 많은 음악가가 참가하여 자기 실력을 인정받고자 했습니다. 한 예를 들면 요한 제바스티안 바흐는 10세 때 고아가 되는 불행을 맞았지만 뛰어난 재능으로 성공한 음악가인데, 그는 작곡은 물론 연주가로서도 무척 뛰어났기에 오르간 콩쿠르가 있으면 대부분 참가했습니다. 이때 다른 연주자가 모두 달아나 버렸다고 합니다. 바흐 실력이 워낙 특출했기 때문이지요.

이러한 음악 경연회를 주도한 것은 프랑스였고, 프랑스에서는 가요 경연 대회도 많이 열렸습니다. 이 때문에 프랑스 어 '콩쿠르'가 세계적으로 널리 퍼졌습니다.

클래식은 왜 지루할까?

100일째

 외신 보도에 따르면, 오스트레일리아 시드니 철도 당국은 시드니 올림픽 기간인 2000년 9월 1일부터 6주 동안 기차역 구내에서 부랑자를 몰아내기 위해 모차르트, 베토벤 등의 서양 고전 음악을 방송한 바 있습니다. 부랑자들이 고전 음악을 지겨워한다는 점에 착안한 조치라고 볼 수 있습니다. 어린이들도 클래식을 지겨워하는 경향이 있습니다. 클래식은 왜 지루할까요?

 음악 용어 '클래식(classic)'은 유서 깊은 고전 음악을 뜻합니다. 클래식 곡 가운데 가장 오랜 역사를 지닌 것은 중세 교회 음악입니다. 대표적인 교회 음악이 그레고리안 성가인데, 큰 성당에 웅장하게 울려 퍼지는 장엄한 음악이었습니다. 교회 음악은 신을 찬양하고 숭배하는 데 목적이 있으므로 흥겨움하고는 거리가 멀었습니다.

 그 후 바흐·헨델로 대표되는 바로크 시대, 모차르트·베토벤이 완성한 고전파 시대, 슈베르트·쇼팽·멘델스존·차이콥스키가 주도한 낭만파 시대와 드뷔시·라벨이 선보인 인상파 시대를 거쳐 현대 음악으로 이어졌습니다.

 그런데 클래식 음악은 아무나 듣지 못했습니다. 사실상 상류층 사람들을 위한 음악이었기 때문입니다. 현대 들어서 조금 나아졌지만 서민에게는 여전히 마찬가지 상황입니다. 클래식 음악회에 가기 위해서는 경제적·시간적 여유와 함께 음악적 지식, 즉 교육적 배경이 있어야 합니다. 그런 까닭에 상류층이 아니면 좀처럼 어릴 때부터 클래식을 가까이하기 어렵습니다. 반복해서 들은 음악에는 쉽게 적응하지만 낯선 음악에는 경계하는 것이 사람 심리이므로 서민들은 클래식을 어려워합니다. 더군다나 현대인들은 빠르고 간단한 음악을 선호하므로 연주 시간이 상당히 긴 클래식을 지루해합니다.

 요컨대 클래식은 자주 듣지 못한 음악인 데다 연주 시간이 길기에, 사람들이 부담스러워하는 것입니다.

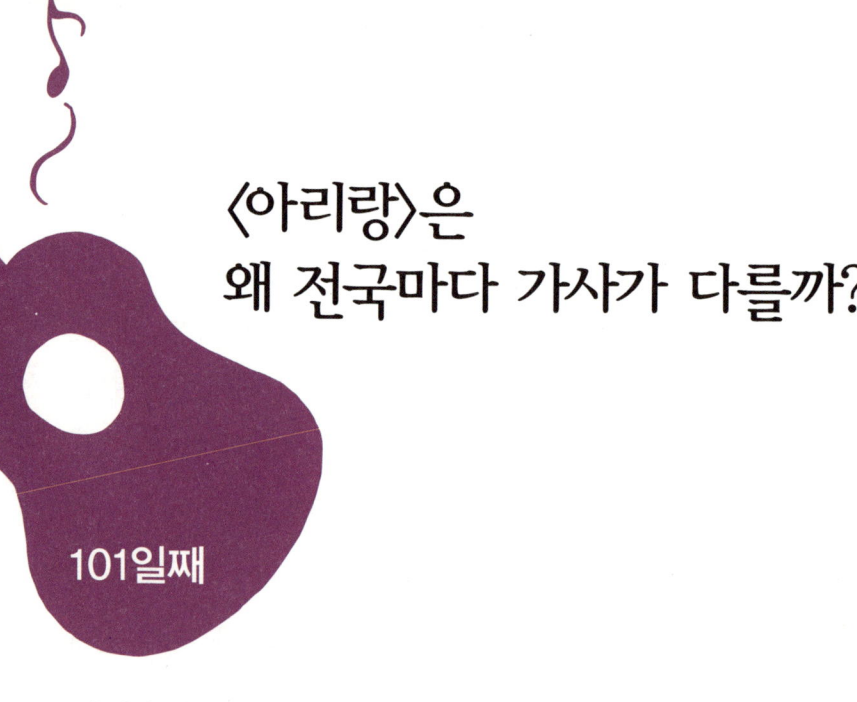

〈아리랑〉은 왜 전국마다 가사가 다를까?

101일째

♬아리랑 아리랑 아~라리요~~.♪

〈아리랑〉은 우리나라의 대표적인 민요입니다. 외국으로 이민 나간 사람들이 〈아리랑〉 노래만 들으면 절로 고향이 그리워진다고 할 만큼 친근하고도 슬픈 노래입니다. 그런데 〈아리랑〉은 〈진도 아리랑〉·〈정선 아리랑〉·〈밀양 아리랑〉 등 그 종류가 많고, 가사도 조금씩 다릅니다. 〈아리랑〉은 왜 이렇게 종류가 많고 가사가 다를까요?

1945년 봄, 미군이 일본 남쪽 오키나와에 대한 공격을 본격화하자 일본은 가미카제(적국 전함에 일부러 추락해 함께 폭파되는 비행기)를 본격 출격시켰습니다. 이때 한국인 청년도 많이 희생됐습니다. 그중 한 명인 탁경현 대위는 "내가 내일 출격해 사라지는데 마지막으로 내 조국의 노래를 들어 주지 않겠느냐."며 '아리랑'을 한없이 울며 부른 뒤 다음 날 사망했다고 전합니다.

〈아리랑〉은 1894년 동학 혁명에서 시작됐습니다. 일본군에 의해 동학군이 진압되자, 그 패배가 준 상처를 표현하는 차원에서 〈아리랑〉이 퍼져

나간 것입니다. 〈아리랑〉 기본 장단은 세마치(세 사람이 돌려 가며 부르는 박자)이지만 지방에 따라 가사와 곡조가 약간씩 다른 이유는 사람들의 공감이 형성될 때마다 노랫말이 바뀌었던 데 있습니다. 다시 말해 각각의 마을마다 자기들 처지를 애처롭게 표현한 가사를, 그 지역 정서에 어울리는 운율에 실어 〈아리랑〉을 불렀습니다.

한편 〈아리랑〉이 우리 민족의 대표적 민요로 유행하게 된 데는 나운규의 영화 〈아리랑〉이 큰 몫을 했습니다. 1926년 발표된 영화 〈아리랑〉은 당시 한국인 울분을 대변하여 일제에 시달리는 민족적 슬픔을 여실히 반영시켜 준 작품이었습니다. 그렇기에 영화 〈아리랑〉은 관객들로부터 뜨거운 한 받았으며 아울러 〈아리랑〉 노래가 전국적으로 퍼지게 됐습니다.